VITALIS

Die Deutsche Bibliothek - CIP-Einheitsaufnahme
Ein Titeldatensatz für diese Produktion ist bei
Der Deutschen Bibliothek erhältlich

Als Vorlage für dieses Buch diente eine 1936
im Prager Mars-Verlag veröffentlichte Ausgabe.
Die Übertragung aus dem Tschechischen
stammt von Vincy Schwarz und Julius Mader.
Die farbigen Illustrationen wurden vom akademischen Maler
Karel Hruška eigens für diese Ausgabe angefertigt.
Den Druck besorgte die Druckerei Finidr in Český Těšín.

Dieses Buch ist eine Kooperation der Verlage
Vitalis, Furth im Wald und Vitalis, Prag.

ISBN 3-934774-34-2
ISBN 80-7253-031-3

K A R E L Č A P E K

AUS EINER TASCHE IN DIE ANDERE

VITALIS

INHALT

DER FALL DR. MEJZLIKS

„Hören Sie, Herr Dastych“, sagte der Polizeibeamte Dr. Mejzlik nachdenklich zu dem alten Zauberer, „ich komme eigentlich, um mich mit Ihnen zu beraten. Ich habe da einen Fall, mit dem ich nichts anzufangen weiß.“

„Nur heraus damit“, meinte Herr Dastych. „Wen betrifft denn der Fall?“

„Mich“, seufzte Dr. Mejzlik. „Je mehr ich darüber nachdenke, desto unklarer wird mir die Sache. Mein Wort, man könnte verrückt davon werden.“

„Wer hat Ihnen denn was getan?“ fragte Herr Dastych beschwichtigend.

„Niemand“, stieß Dr. Mejzlik hervor, „das ist ja das Schlimme. Ich selbst habe etwas getan, was ich nicht begreife.“

„Wird wohl nicht so arg sein“, tröstete ihn der alte Dastych. „Also, was haben Sie denn verbrochen, junger Mann?“

„Einen Kassenknacker habe ich erwischt“, antwortete Dr. Mejzlik düster.

„Das ist alles?“

„Ja.“

„Und der Einbrecher war wahrscheinlich nicht der rechte?“ half Herr Dastych nach.

„Doch, er hat ja gestanden. Er hat die Kasse im jüdischen Wohltätigkeitsverein aufgebrochen, wissen Sie? Ein gewisser Rozanowski oder Rosenberg aus Lemberg“, brummte Dr. Mejzlik, „man hat Sperrhaken und dergleichen bei ihm gefunden.“

„Na, und was möchten Sie denn gerne wissen?“ forschte der alte Dastych.

„Ich möchte gerne wissen“, sagte der Polizeibeamte versonnen, „wie ich ihn erwischt habe. Warten Sie mal, ich erzähle es Ihnen der Reihe nach. Vor einem Monat, es war am 3. März, hatte ich bis Mitternacht Dienst. Ich weiß nicht, ob Sie sich erinnern, damals hatte es schon den dritten Tag geregnet. Ich wollte also noch auf eine Weile ins Kaffeehaus gehen und dann nach Hause in die Weinberge. Aber statt dessen ging ich in entgegengesetzter Richtung in die Pflastergasse. Wissen Sie vielleicht, bitte, warum ich gerade nach dieser Seite gegangen bin?“

„Vielleicht nur so zufällig“, meinte Herr Dastych.

„Hören Sie, bei so einem Wetter schlendert man nicht nur zufällig durch die Straßen. Ich möchte, zum Teufel, gerne wissen, was ich eigentlich dort wollte. Was meinen Sie, konnte das nicht eine Ahnung sein? Etwas wie Telepathie?"

„Aha", sagte Herr Dastych, „das ist schon möglich."

„Sehen Sie", redete Dr. Mejzlik bekümmert weiter, „da haben wir's. Aber es konnte ebensogut eine unterbewußte Vorstellung sein, damit ich nachsehe, was bei den ‚Drei Jungfern' los ist."

„Das ist der Unterschlupf in der Pflastergasse", erinnerte sich Herr Dastych.

„Dort übernachten meist Geldschrankknacker und Taschendiebe aus Pest oder Galizien, wenn sie nach Prag arbeiten kommen. Wir behalten das Lokal im Auge. Was meinen Sie, war es nicht eine ganz gewöhnliche Polizeigewohnheit, daß ich dorthin nachsehen ging?"

„Kann schon sein", urteilte Herr Dastych. „Man tut so was rein mechanisch, gar wenn man einen gewissen Sinn für Pflicht hat. Daran ist nichts Besonderes."

„Ich komme also in die Pflastergasse", fuhr Dr. Mejzlik fort, „sehe so nebenbei das Verzeichnis der Schlafgänger bei den ‚Drei Jungfern' durch und gehe weiter. Am Ende der Pflastergasse bleibe ich stehen und kehre wieder um; wissen Sie nicht, bitte, warum ich zurückgegangen bin?"

„Gewohnheit", meinte Herr Dastych, „die Gewohnheit zu patrouillieren."

„Kann sein“, stimmte der Polizeibeamte zu. „Aber ich hatte keinen Dienst und wollte heimgehen. Vielleicht war es eine Vorahnung.“

„Solche Fälle gibt es“, erkannte Herr Dastych an. „Aber die Vorahnung ist nichts Rätselhaftes. Es ist doch bekannt, daß im Menschen gewisse höhere Fähigkeiten vorhanden sind — — —“

„Herrgott“, schrie Dr. Mejzlik, „war es also Gewohnheit oder war es höhere Fähigkeit? Das möchte ich eben wissen! — Warten Sie, wie ich so dahintrotte, kommt mir jemand entgegen. Sagen Sie, warum sollte nicht, verdammt nochmal, irgendwer um ein Uhr nachts durch die Pflastergasse gehen? Daran ist doch nichts Verdächtiges. Ich selbst dachte an nichts; blieb aber doch gerade unter einer Laterne stehen und zündete mir eine Ägyptische an. Wissen Sie, das machen wir immer, wenn wir uns nachts jemanden so richtig anschauen wollen. Was glauben Sie, war das Zufall oder Gewohnheit oder... oder so ein unbewußter Alarm?“

„Das weiß ich nicht“, sagte Herr Dastych.

„Ich auch nicht“, rief Dr. Mejzlik ärgerlich. „Donnerwetter!“ Er zögerte.

„Ich zündete mir also die Zigarette unter der Laterne an, und der Mensch geht an mir vorbei. Herr, ich habe ihm nicht einmal ins

Gesicht geschaut, ich starrte nur so zur Erde. Als der Kerl vorüber war, begann mir irgend etwas nicht zu gefallen. Himmelfix, sage ich mir, da ist was nicht in Ordnung — aber was eigentlich? Ich habe doch den gnädigen Herrn kaum beachtet. So stehe ich im Regen unter der Laterne und überlege; plötzlich fällt es mir ein: die Schuhe! Der Mensch hatte etwas Merkwürdiges an den Schuhen. Und ich sage unvermutet laut: Asche."

„Was für Asche?" fragte Herr Dastych.

„Na, Asche. In dem Augenblick fiel mir ein, daß der Mann an den Schuhen zwischen Oberleder und Sohle Asche hatte."

„Und warum sollte er keine Asche an den Schuhen haben?" meinte Herr Dastych.

„Ganz richtig", rief Dr. Mejzlik. „Aber, Herr, in diesem Augenblick sah ich, jawohl, sah ich eine erbrochene Einbruchssichere, aus der Asche auf den Fußboden rieselt. Die Asche, wissen Sie, die sich zwischen den Stahlplatten befindet. Und ich sah, wie diese Schuhe in die Asche treten."

„Dann war es Intuition", entschied Herr Dastych. „Geniale, aber zufällige Intuition."

„Unsinn", sagte Dr. Mejzlik. „Herr, wenn es nicht geregnet hätte, würde ich die Asche gar nicht beachtet haben. Doch wenn es regnet, hat man für gewöhnlich keine Asche an den Schuhen, verstanden?"

„Dann war es ein empirischer Schluß", sagte Herr Dastych mit Gewißheit. „Ein glänzendes Urteil auf Grund der Erfahrung. Und was geschah weiter?"

„Nun, dann ging ich dem Kerl nach: natürlich verschwand er in den ‚Drei Jungfern'. Hierauf telefonierte ich um zwei Geheime und dann machten wir dort Razzia; so fanden wir Herrn Rosenbaum samt der Asche, den Sperrhaken und den Zwölftausend aus der Kasse des jüdischen Wohltätigkeitsvereins. Da ist weiter nichts dran. Die Zeitungen freilich schrieben, daß unsere Polizei diesmal beträchtliche Bereitschaft gezeigt habe. Solch ein Unsinn! Ich bitte Sie, wäre ich nicht zufällig in die Pflastergasse gegangen und hätte ich dem Gauner nicht zufällig auf die Schuhe gesehen... Das ist es nämlich", sagte Dr. Mejzlik niedergeschlagen, „ob es nur so ein Zufall war? Darauf käme es an."

„Aber darauf kommt es doch gar nicht an", rief Herr Dastych. „Menschenskind, das war ein Erfolg, zu dem Sie sich gratulieren können."

„Gratulieren!" platzte Dr. Mejzlik heraus. „Herr, wie soll ich mir gratulieren, wenn ich nicht weiß wozu? Zu meinem fabelhaften detektivischen Scharfblick? Oder zu den mechanischen Polizeigewohnheiten? Oder zu dem glücklichen Zufall? Oder zu irgendwelcher Intuition oder Telepathie? Sehen Sie, es war mein erster größerer Fall; an irgendwas muß man sich doch halten, nicht? Nehmen wir an, man gibt mir morgen einen Mord; Herr Dastych, was tu ich dann? Soll ich durch die Straßen laufen und den Leuten scharf auf die Schuhe gucken? Oder soll ich der Nase nach gehen und warten, bis mich eine Vorahnung oder eine innere Stimme geradeswegs zum Mörder führt? Also sehen Sie, das ist es eben. Die ganze Polizei sagt sich jetzt: dieser Mejzlik, hat der eine Nase; aus diesem jungen Mann mit der Brille wird was, der hat Talent zum Detektiv. Das ist doch eine verzweifelte Situation", brummte Dr. Mejzlik. „Irgendeine Methode muß man haben. Bis zu meinem ersten Fall habe ich an alle exakten Methoden geglaubt; an Beobachtung, an Erfahrung, an systematische Nachforschungen und ähnliche Dummheiten. Doch wenn ich jetzt den Fall betrachte, so sehe ich, da — Hören Sie", stieß er erleichtert hervor, „ich denke, es ist nur ein glücklicher Zufall gewesen."

„Sieht so aus", sprach Herr Dastych weise. „Doch war auch ein Stück scharfe Beobachtung und einige Logik dabei."

„Und mechanische Routine", sagte der junge Beamte kleinmütig.

„Und Intuition. Und auch etwas von der Gabe einer Vorahnung. Und Instinkt."

„Du lieber Himmel, sehen Sie", jammerte

Dr. Mejzlik, „Herr Dastych, wie soll ich jetzt noch etwas anpacken?"

„Herr Dr. Mejzlik zum Telefon!" meldete der Herr Ober. „Das Polizeipräsidium ruft."

„Da haben wir's", murrte Dr. Mejzlik niedergeschlagen; und als er vom Telefon zurückkam, war er blaß und nervös. „Zahlen, Herr Ober!" rief er gereizt. „Es ist schon so. Man hat einen Fremden ermordet im Hotel gefunden. Da soll doch gleich..." und ging. Es hatte den Anschein, als hätte dieser energische junge Mann Lampenfieber.

DIE BLAUE CHRYSANTHEME

„So will ich Ihnen denn erzählen", sagte der alte Fulinus, „wie die Klara zur Welt gekommen ist. Ich habe damals den Fürst Lichtenbergschen Park in Lubenz angelegt — der alte Fürst, das war ein Kenner! Ganze Bäume hat er sich von Veitsch aus England schicken lassen, und allein an Zwiebeln hat er an die 17000 Stück aus Holland bezogen — doch das nur so nebenbei. Einmal an einem Sonntag gehe ich also in Lubenz durch die Gassen und begegne Klara, das war der dortige Dorftrottel, ein taubstummes, verrücktes Weibsbild; wo immer sie ging, kreischte sie selig, — wissen Sie vielleicht, mein Herr, warum Idioten immer so selig sind? Ich weiche ihr aus, damit sie mir keinen Kuß gebe, da sehe ich, daß sie einen Blumenstrauß in den Pfoten hält, Dill war es und ähnliches Feldkraut, aber dazwischen, Herr — ich habe allerhand gesehen, doch damals hätte mich fast der Schlag gerührt. Diese Verrückte trug in ihrem Strauß die Blüte einer Pomponchrysantheme, die blau war, Herr! Blau! Etwa so blau wie Phlox Laphami, schiefergrau angehaucht, mit atlasrosa Rändern, innen wie Campanula turbinata, schön voll, aber das ist alles noch nichts: Herr, diese Farbe war damals und ist heute noch bei der winterharten indischen Chrysantheme vollkommen unbekannt! Vor Jahren war ich beim alten Veitsch gewesen. Sir James hatte sich mir gegenüber gerühmt, daß ihnen im Vorjahr ein Chrysanthemum, direkt aus China importiert, so ein wenig lila geblüht habe, aber im Winter sei es ihnen leider eingegangen. Und diese krächzende Vogelscheuche da hält ein Chrysanthemum in ihren Klauen, so blau, wie man es nur träumen kann. Gut, was?

Klara johlte vor Freude und streckte mir ihren Strauß hin. Ich gab ihr eine Krone und wies auf das Chrysanthemum: Klara, wo hast du das her? Klara gackerte begeistert und kicherte, mehr bekam ich aus ihr nicht heraus. Ich schrie sie an, zeigte mit den Händen, aber es half nichts, sie wollte mich um jeden Preis umarmen. Ich eilte mit der wertvollen blauen Chrysantheme zum Fürsten: Hoheit, das hier wächst irgendwo in der Umgebung, kommen Sie suchen! Der Alte ließ sofort anspannen und befahl, Klara mitzunehmen. Aber Klara war inzwischen verschwunden und nicht mehr zu finden. Wir standen beim Wagen und schimpften gut eine Stunde — der Herr Fürst

war früher bei den Dragonern gewesen! Wir waren noch nicht fertig, da kam Klara mit heraushängender Zunge angerannt und drängte mir einen ganzen Strauß frisch gepflückter blauer Chrysanthemen auf. Der Fürst gab ihr einen Hundertkronenschein, aber Klara begann enttäuscht zu flennen, die Arme hatte noch nie einen Hunderter gesehen. Ich mußte ihr eine Krone geben, um sie zu beruhigen. Da fing sie an zu hopsen und zu schreien, wir aber setzten sie auf den Kutschbock, zeigten auf die blauen Chrysanthemen, und, Klara, führe uns!

Klara kreischte vor Freude auf dem Kutschbock; Sie können sich gar nicht vorstellen, wie Seine Hochwohlgeboren, der Kutscher, verärgert war, daß er neben ihr sitzen mußte. Außerdem scheuten die Pferde jede Minute vor ihrem Quieken und Krächzen, nun, es war eine verteufelte Fahrt. Als wir eineinhalb Stunden gefahren waren, sagte ich: ‚Durchlaucht, wir haben mindestens vierzehn Kilometer zurückgelegt.‘

‚Einerlei‘, brummte der Fürst, ‚meinetwegen hundert.‘

‚Na schön‘, entgegnete ich, ‚aber die Klara war mit dem zweiten Strauß in einer Stunde zurück. Die Stelle kann also nicht weiter als drei Kilometer von Lubenz entfernt sein.‘

‚Klara‘, schrie der Fürst und wies auf die

blauen Chrysanthemen, ,wo wächst das? Wo hast du das gefunden?'

Klara krähte drauflos und zeigte immerfort geradeaus. Offenbar war sie froh, daß sie im Wagen fuhr. Glauben Sie mir, ich dachte, der Fürst erschlägt sie; heiliger Himmel, konnte der wüten! Von den Pferden tropfte der Schaum, Klara schnatterte, der Fürst fluchte, der Kutscher weinte fast vor Schande und ich machte Pläne, wie man die blaue Chrysantheme aufspüren könnte.

,Durchlaucht', sagte ich, ,so geht es nicht. Wir müssen ohne die Klara suchen. Wir zeichnen auf der Landkarte mit dem Zirkel einen Umkreis von drei Kilometern, teilen ihn in Abschnitte und gehen von Haus zu Haus suchen.'

,Mensch', sagte der Fürst, ,bis auf drei Kilometer von Lubenz gibt es doch keinen Park.'

,Das ist richtig', sagte ich darauf. ,Aber in einem Park würden Sie auch nichts finden, es sei denn, Sie suchten Ageratum oder Canna. Sehen Sie, da unten am Stiel ist ein wenig Erde, das ist kein Humus, das ist schmierige Lehmerde, am ehesten noch mit menschlichem Dingsda gedüngt. Wir müssen eine Stelle suchen, wo es viele Tauben gibt, die Blätter sind voll Taubenmist. Höchstwahrscheinlich wächst es bei einem Zaun aus rohen Latten, denn hier in der Blattachsel ist ein winziges

Stückchen abgesplitterte Fichtenrinde. So, das wäre eine genaue Richtlinie.‘

‚Was für eine?‘ fragte der Fürst.

‚Eine Richtlinie‘, sagte ich, ‚wir müssen bei jedem Bauernhaus in einem Umkreis von drei Kilometern suchen! Wir teilen uns in vier Gruppen: Sie, ich, Ihr Gärtner und mein Gehilfe Wenzel, und dann kann's losgehen.‘

Schön, am Morgen darauf war das erste, daß mir Klara wieder einen Strauß blauer Chrysanthemen brachte. Hierauf durchforschte ich meinen Abschnitt; in jedem Wirtshaus habe ich lauwarmes Bier getrunken, Quarkkäse gegessen und die Leute nach den blauen Chrysanthemen ausgeforscht. Fragen Sie nicht, Herr, was für einen Durchfall ich nach dem Quarkkäse bekam, heiß war es wie öfters noch gegen Ende September, ich kroch in jede Hütte hinein und mußte mir allerlei Grobheiten gefallen lassen; denn die Leute meinten, ich wäre ein Narr, ein Agent oder jemand vom Amt. Aber eines stand am Abend fest: In meinem Abschnitt wuchs keine blaue Chrysantheme. In den andern drei hatten wir auch nichts gefunden. Nur Klara brachte einen neuen Strauß blauer Blüten.

Versteht sich, so ein Fürst ist ein großer Herr, nimmt man alles in allem; er ließ also die Gendarmen rufen, gab jedem eine blaue Chrysanthemenblüte in die Hand und versprach ihnen ich weiß nicht was, wenn sie herausbekämen, wo das wachse. Gendarmen, mein Herr, sind gebildete Menschen, lesen Zeitungen und so weiter, außerdem kennen sie jeden Stein und haben gewaltigen Einfluß. Stellen Sie sich nur vor, daß an diesem Tag sechs Gendarmen, der Gemeindewachmann, die Gemeindevorsteher, die Schuljugend mit den Lehrern und eine Zigeunerbande das ganze Stück Land im Umkreis von drei Kilometern durchstöberten, alles abpflückten, was irgendwo blühte und es ins Schloß brachten. Du lieber Himmel, dort sah es aus wie zu Fronleichnam; aber eine blaue Chrysantheme war natürlich nicht darunter. Wir ließen Klara den ganzen Tag bewachen; in der Nacht riß sie aus und nach Mitternacht brachte sie mir einen ganzen Arm voll blauer Chrysanthemen. Wir ließen sie sofort in den Gemeindekotter sperren, damit sie uns nicht alles wegpflücke; doch mit unserer Weisheit waren wir am Ende. Meiner Treu, das war wie verhext, stellen Sie sich nur vor, eine Gegend wie ein Handteller.

Hören Sie, der Mensch hat ein Recht, grob zu sein, wenn er in sehr großem Elend ist oder wenn er mal einen Mißerfolg hat, ich kenne das; aber als mir der Herr Fürst in seiner Wut sagte, ich sei genau so ein Idiot wie die Klara, da wendete ich ein, daß ich mich von einem so alten Trottel nicht beschimpfen lasse und ging geradeswegs zur Bahn; seit der Zeit war ich nicht mehr in Lubenz. Als ich aber schon im Waggon saß und der Zug sich in Bewegung setzte, begann ich zu heulen, Herr, wie ein kleiner Junge, weil ich nie mehr eine blaue Chrysantheme sehen würde und sie nun für immer verlassen mußte. Wie ich so greine und zum Fenster hinausblicke, sehe ich dicht an der Strecke etwas Blaues. Herr Čapek, das war stärker als ich: es warf mich vom Sitz und zog an der Notbremse — ich wußte gar nichts davon; der Zug tat einen Ruck, so wurde gebremst, und ich stürzte auf den Sitz gegenüber — dabei habe ich mir diesen Finger gebrochen. Als der Schaffner angerannt kam, stotterte ich, ich hätte in Lubenz was vergessen, und mußte tüchtig Strafe zahlen. Herr, geschimpft habe ich wie ein Rohrspatz und bin die Strecke zurückgehinkt, zu dem Blauen. Du Tölpel, sagte ich zu mir, vielleicht ist es nur eine Herbstaster oder sonst ein blaues Unkraut, und du wirfst so heillos viel Geld hinaus! Ich ging etwa fünfhundert Meter; schon dachte ich, das Blaue könnte doch gar nicht so weit sein, ich hätte es verpaßt oder es wäre mir nur so vorgekommen, als ich auf einem kleinen Erdwall ein Bahnwärterhäuschen erblickte, und über den Lattenzaun des Gartens ragt das Blaue heraus. Es waren zwei Stauden blauer Chrysanthemen.

Herr, jedes Kind weiß, was diese Bahnwärter in ihren kleinen Gärten ziehen. Außer Kohl und Melonen sind es zumeist Sonnenblumen, ein paar rote Rosen, Malven, Tropaeolum und die eine oder andere Georgine; der Kerl da hatte nicht einmal das, sondern nur Kartoffeln, Bohnen, einen schwarzen Holunder und in der Ecke zwei blaue Chrysanthemen.

‚Mensch', sage ich zu ihm über den Zaun, ‚wo haben Sie die blauen Blumen her?'

‚Die blauen', sagt der Bahnwärter, ‚ja, die sind noch vom seligen Tschermak, der hier vor mir Wächter war. Aber die Strecke entlang darf man nicht gehen, Herr. Dort steht die Tafel: »Das Beschreiten der Strecke ist verboten!« Was haben Sie hier zu suchen?'

‚Gevatter', sage ich zu ihm, ‚möchten Sie mir nicht verraten, wie man zu Ihnen gelangt?'

‚Die Strecke entlang', antwortete der Wächter. ‚Aber hierher hat niemand Zutritt. Was wollen Sie da? Verschwinden Sie, Maulaffe verdammter, die Strecke dürfen Sie mit keinem Fuß betreten!'

‚Aber wohin soll ich verschwinden?'

‚Das ist mir gleichgültig', schreit der Bahnwärter, ‚aber die Strecke entlang nicht, und damit basta!'

Ich setze mich also an den Rain und sage: ‚Hören Sie, Alter, verkaufen Sie mir die blauen Blumen.'

‚Nichts verkaufe ich', brummt der Wächter. ‚Und packen Sie sich. Hier ist das Sitzen verboten.'

‚Warum', sage ich, ‚es steht doch auf keiner Tafel, daß man hier nicht sitzen darf. Gehen darf man hier nicht, und ich gehe doch nicht.'

Der Bahnwärter stutzte und beschränkte sich darauf, mich über den Zaun hinweg zu beschimpfen. Er war wohl so ein Eigenbrötler; nach einer Weile hörte er zu schimpfen auf und redete zu sich selbst. Nach einer halben Stunde kam er heraus, um die Strecke zu begehen.

‚Also, was ist', sagte er und pflanzte sich vor mir auf, ‚scheren Sie sich von hier fort oder nicht?'

‚Ich kann nicht', sagte ich, ‚entlang der Strecke gehen ist verboten und ein anderer Weg führt nicht fort von hier.'

Der Wächter überlegte eine Weile. ‚Na, wissen Sie was', sagte er dann, ‚wenn ich dort hinter der Böschung einbiege, verschwinden Sie die Strecke entlang, ich werde es nicht sehen.'

Ich dankte ihm herzlich und als er hinter der Böschung einbog, stieg ich über den Zaun in seinen Garten und grub mit seinem Spaten die beiden blauen Chrysanthemen aus. Ich habe sie gestohlen, Herr. Ich bin eine ehrliche Haut und habe in meinem ganzen Leben nur siebenmal gestohlen; immer waren es Blumen.

Eine Stunde später saß ich im Zug und brachte die gestohlenen blauen Chrysanthemen nach Hause. Als ich an jenem Bahnhäuschen vorbeifuhr, stand der Wächter mit seinem Fähnchen dort und machte ein Gesicht wie der Leibhaftige. Ich winkte ihm mit dem Hut zu, doch er hat mich, glaube ich, nicht erkannt.

Sehen Sie, mein Herr, weil da eine Tafel stand mit der Aufschrift »Verbotener Weg«, war es niemand eingefallen, weder uns noch den Gendarmen, weder den Zigeunern noch den Kindern, dort die blauen Chrysanthemen zu suchen. So eine Kraft, Herr, hat eine Warnungstafel. Möglich, daß bei einem Bahnwärterhäuschen blaue Himmelschlüssel wachsen, oder der Baum der Erkenntnis, oder goldenes Farnkraut, doch kein Mensch wird sie je entdecken, denn es ist verboten, die Strecke entlang zu gehen, und damit basta. Nur die närrische Klara war hingekommen, weil sie eine Idiotin war und nicht lesen konnte.

Darum habe ich die blaue Pomponchrysantheme auf den Namen Klara getauft. Schon fünfzehn Jahre lang spiele ich mit ihr herum. Aber wahrscheinlich habe ich sie durch guten Boden und Feuchtigkeit verweichlicht — der Grobian von einem Wächter hat sie niemals begossen, dort hatte sie Lehmboden wie Zinn; kurz, im Frühjahr sprießt sie, im Sommer bekommt sie Mehltau und im August geht sie mir ein. Stellen Sie sich nur vor, ich allein auf der ganzen Welt habe eine blaue Chrysantheme und kann mit ihr nicht vor die Öffentlichkeit treten. Woher denn, Bretagne und und Anastasie, die gehen nur ganz wenig ins Lila; aber die Klara, Herr, wenn mir die Klara einmal blüht, dann wird die ganze Welt von ihr reden."

DIE WAHRSAGERIN

Jeder Kenner der Verhältnisse wird einsehen, daß sich dieser Fall weder bei uns noch in Frankreich und auch nicht in Österreich ereignen konnte, denn in diesen Ländern sind die Richter bekanntlich verpflichtet, die Sünder nach dem Wortlaut des Gesetzes zu richten und zu strafen, und nicht nach ihrem eigenen rechtschaffenen Wissen und Gewissen. Da in dieser Geschichte ein Richter auftritt, der sein Urteil ohne Rücksicht auf die Paragraphen, sondern nur mit Rücksicht auf den gesunden Menschenverstand fällt, so ergibt sich daraus, daß sich dieses Ereignis nirgendwo anders als in England abspielen konnte. Und zwar geschah es in London, genauer gesagt in Kensington, oder halt! Es war doch in Brompton oder in Bayswater, kurz, dort unten irgendwo. Der Richter war Master Justice Kelley und die Frau hieß ganz einfach Myers. Mistreß Edith Myers.

Wisset denn, daß diese ansonsten ehrenwerte Dame die Aufmerksamkeit des Polizeikommissärs Mac Leary weckte. „Meine Teure", sagte Herr Mac Leary eines Abends zu seiner

Frau, „mir geht diese Mrs. Myers nicht aus dem Kopf. Ich möchte nur wissen, wovon dieses Frauenzimmer lebt. Bedenken Sie, jetzt im Februar schickt sie ihr Dienstmädchen um Spargel. Weiters habe ich festgestellt, daß sie täglich zwölf bis zwanzig Besuche empfängt, von der Hökerin angefangen bis zur Herzogin. Ich weiß, meine Liebe, Sie werden sagen, es handle sich wohl um eine Kartenlegerin. Gut, aber das kann auch nur ein Mäntelchen sein für etwas anderes, sagen wir für Kuppelei oder für Spionage. Wissen Sie, ich möchte gern in die Sache hineinsehen."

„Gut, Bob", sprach die treffliche Frau Mac Leary, „überlassen Sie das nur mir."

Also geschah es, daß am folgenden Tage Frau Mac Leary, versteht sich ohne Ehering, dafür aber sehr jugendlich gekleidet und die Haare gebrannt wie ein Mädchen, bei dem es bald an der Zeit ist, Dummheiten bleiben zu lassen, mit ängstlichem Gesicht an der Tür der Frau Myers in Bayswater oder Marylebone klingelte. Sie mußte eine Weile warten, ehe Frau Myers sie empfing.

„Nehmen Sie Platz, liebes Kind", sprach die alte Dame, nachdem sie die scheue Besucherin sehr gründlich gemustert hatte. „Was wünschen Sie von mir?"

„Ich", stotterte Frau Mac Leary, „ich — — ich möchte gerne... ich habe morgen den zwanzigsten Geburtstag. Ich möchte schrecklich gerne meine Zukunft kennen."

„Aber Fräulein... eh, wie, bitte?" meinte Frau Myers und langte nach einem Stoß Karten, den sie energisch zu mischen begann.

„Jones", hauchte Frau Mac Leary.

„Teures Fräulein Jones", fuhr Frau Myers fort, „das ist ein Irrtum! Ich betreibe nicht gewerbsmäßige Kartenlegerei, es sei denn so hie und da aus Freundschaft, wie alle alten Frauen. Heben Sie mit der Linken ab und machen Sie fünf Häufchen. So. Zuweilen lege ich zu meinem Vergnügen Karten, aber sonst — Sieh da", sagte sie, während sie das erste Häufchen umwendete, „Schell bedeutet Geld. Und der Herzjunge. Ein schönes Blatt."

„Ach", sagte Frau Mac Leary, „und was weiter?"

„Schelljunge", sprach Frau Myers, das zweite Kartenhäufchen aufdeckend, „Grün Zehn bedeutet Reisen. Aber hier", rief sie, „sehe ich Eicheln. Eicheln sind immer Widerwärtigkeiten, doch die Herzdame ist am Ende."

„Was bedeutet das?" fragte Frau Mac Leary und riß die Augen auf, so sehr sie nur konnte.

„Wieder Schell", sann Frau Myers über dem dritten Häufchen nach, „liebes Kind, Sie haben viel Geld zu erwarten, aber ich weiß noch nicht, ob Sie die große Reise unternehmen werden oder jemand, der Ihnen nahesteht."

„Ich soll zur Tante nach Southampton fahren", meinte Frau Mac Leary.

„Das wird eine größere Reise", sagte Frau Myers, das vierte Häufchen umwendend. „Jemand will Sie daran hindern, ein älterer Mann —"

„Wohl der Vater", rief Frau Mac Leary.

„Da hätten wir's also", sprach Frau Myers feierlich über dem fünften Häufchen. „Liebes Fräulein Jones, das ist das schönste Blatt, das ich je gesehen habe. Binnen einem Jahr werden Sie Hochzeit haben; ein sehr, sehr reicher junger Mann wird Sie heiraten, wahrscheinlich ein Millionär oder ein Kaufmann, denn er reist viel; aber ehe Sie einander angehören, werden Sie große Hindernisse überwinden müssen, irgendein älterer Herr wird es Ihnen verwehren wollen, doch Sie müssen durchhalten. Wenn Sie dann verheiratet sind, ziehen Sie weit weg von hier, wahrscheinlich übers Meer. Ich bekomme eine Guinee für die christliche Mission unter den armen Negern."

„Ich bin Ihnen ja so dankbar", sagte Frau Mac Leary, während sie ihrem Täschchen ein Pfund und einen Schilling entnahm, „so schrecklich dankbar! Ich bitte Sie, Frau Myers, was würde es ohne die Widerwärtigkeiten kosten?"

„Die Karten lassen sich nicht bestechen",

entgegnete würdig die alte Dame. „Was ist denn der Herr Papa?"

„Bei der Polizei", log die junge Frau mit unschuldigem Gesicht. „In der Geheimabteilung, wissen Sie?"

„Aha", sprach die alte Frau und zog drei Karten aus dem Spiel. „Das ist sehr schlimm, sehr schlimm. Sagen Sie ihm, liebes Kind, daß ihm eine große Gefahr droht. Er sollte zu mir kommen, um mehr zu erfahren. Mich besuchen viele aus Scotland Yard, damit ich ihnen Karten lege, alle sagen mir, was sie auf dem Herzen haben. Ja, ja, schicken Sie ihn nur her. In der politischen Abteilung ist er, sagen Sie? Mr. Jones? Richten Sie ihm aus, daß ich ihn erwarte. Auf Wiedersehen, liebes Fräulein Jones. Die Nächste, bitte!"

„Das gefällt mir nicht", meinte Herr Mac Leary, sich nachdenklich im Nacken kratzend, „das gefällt mir gar nicht, Katie. Dieses Frauenzimmer interessiert sich viel zu sehr für Ihren seligen Vater. Außerdem heißt sie gar nicht Myers, sondern Meierhofer und stammt aus Lübeck. Verflixte Person", brummte Herr Mac Leary, „wie kommen wir ihr nur hinter ihre Schliche? Ich wette fünf gegen eins, daß sie den Leuten Dinge entlockt, die sie nichts angehen. Wissen Sie was, ich spreche oben davon."

Herr Mac Leary brachte die Sache oben zur Sprache, und oben nahm man merkwürdigerweise die Sache nicht auf die leichte Achsel. Und so geschah es, daß die ehrenwerte Frau Myers zum Herrn Richter Kelley vorgeladen wurde.

„Also, Frau Myers", sagte der Herr Richter zu ihr, „was ist denn, um Himmels willen, mit Ihrem Kartenlegen?"

„Ach jemine, Herr", entgegnete die alte Dame, „man muß doch von irgend etwas leben. In meinem Alter kann ich doch nicht ins Varieté tanzen gehen."

„Hm", meinte Herr Kelley. „Aber da ist eine Klage gegen Sie, daß Sie falsch Karten legen. Liebe Frau Myers, das ist so, als ob Sie statt Schokolade Lehmtafeln verkauften. Für eine Guinee haben die Leute Anrecht auf eine anständige Weissagung. Wie wollen Sie denn, ich bitte Sie, wahrsagen, wenn Sie es nicht können?"

„Alle beschweren sich nicht", wehrte sich die alte Dame, „sehen Sie, ich prophezeie ihnen Dinge, die ihnen gefallen. Die Freude ist doch die paar Schillinge wert, mein Herr. Und manchmal trifft man wirklich das Richtige. ‚Frau Myers', sagt mir neulich eine Frau, ‚noch niemand hat mir so gut Karten gelegt und so geraten wie Sie.' Sie wohnt in St. Johns Word und lebt in Scheidung mit ihrem Mann."

„Warten Sie", unterbrach sie der Herr Richter. „Da haben wir eine Zeugin gegen Sie. Erzählen Sie uns, Frau Mac Leary, wie es war."

„Frau Myers wahrsagte mir aus den Karten", legte Frau Mac Leary eifrig los, „daß ich binnen einem Jahr Hochzeit haben, daß mich ein sehr reicher junger Mann heiraten und ich mit ihm übers Meer ziehen werde —"

„Warum ausgerechnet übers Meer?" fragte der Herr Richter.

„Weil im zweiten Häufchen die grüne Zehn war, das bedeutet Reisen", sagte Frau Myers.

„Unsinn", brummte der Herr Richter, „Grün Zehn bedeutet Hoffnung. Reisen sind Grün Unter; kommt die Schellsieben dazu, bedeutet es große Reisen, aus denen Gewinn herausschaut. Frau Myers, mir machen Sie nichts weis. Sie haben also der Zeugin wahrgesagt, daß sie längstens binnen einem Jahr einen reichen jungen Mann heiraten werde; aber Frau Mac Leary ist bereits seit drei Jahren mit dem ausgezeichneten Polizeikommissär Mac Leary verheiratet. Frau Myers, wie erklären Sie diesen Unsinn?"

„Du lieber Gott", sagte die alte Dame zufrieden, „das kommt vor. Dieses Persönchen da kam leichtsinnig gekleidet zu mir, den linken Handschuh jedoch hatte sie zerrissen, also lebt sie nicht gerade im Überfluß, möchte aber

länderin ohne ordentliche Beschäftigung sind, wenden die politischen Behörden ihr Recht an und erklären Sie des Landes verwiesen. Leben Sie wohl, Frau Myers, ich danke Ihnen, Frau Leary. Aber eines sage ich Ihnen: so falsch Karten zu legen ist ein zynisches und verantwortungsloses Unterfangen. Merken Sie sich das, Frau Myers."

„Was fange ich nur an", jammerte die alte Dame. „Gerade jetzt, wo mein Geschäft zu blühen beginnt —"

Etwa ein Jahr später begegnete der Richter Kelley dem Kommissär Mac Leary. „Schönes Wetter", sagte der Herr Richter freundlich. „Nebenbei, wie geht es Frau Mac Leary?"

Herr Mac Leary machte ein saures Gesicht.

„Nämlich... wissen Sie, Herr Kelley", sagte er mit einer gewissen Verlegenheit, „Frau Mac Leary... wir sind nämlich geschieden."

„Was Sie nicht sagen", wunderte sich der Herr Richter, „so eine hübsche junge Frau!"

„Das ist es ja eben", brummte Herr Mac Leary, „aber da hat sich plötzlich so ein junger Laffe in sie vergafft... ein Millionär oder Kaufmann aus Melbourne... Ich wollte sie daran hindern, aber..." Herr Mac Leary winkte hoffnungslos mit der Hand ab. „Vor einer Woche sind sie miteinander nach Australien gefahren."

DER HELLSEHER

„Wissen Sie, Herr Staatsanwalt", sagte Herr Janowitz, „mir macht niemand so leicht was vor, nicht wahr? Aber was der Kerl treibt, geht einfach über meinen Verstand. Das ist nicht nur Graphologie, das ist ich weiß nicht was. Hören Sie zu: Sie geben ihm die Handschrift von irgend jemand in einem nicht verklebten Briefumschlag; er sieht sich die Schrift nicht einmal an, steckt nur die Finger in den Umschlag und fährt über die Schrift hin und her, dabei verzieht er den Mund, als ob ihm etwas weh täte. Und in einer Weile fängt er an, Ihnen den Charakter des Schreibers zu erzählen, aber so — na, Sie würden Augen machen. Haargenau beschreibt er den Menschen. Ich habe ihm einen Brief vom alten Weinberger in den Umschlag gegeben; alles hat er erraten, sogar, daß er zuckerkrank ist und daß er Bankrott machen wird. Was sagen Sie dazu?"

„Nichts", meinte der Herr Staatsanwalt trocken. „Vielleicht kennt er den alten Weinberger."

„Aber er hat die Schrift doch gar nicht gesehen", regte sich Herr Janowitz auf, „er sagt, jede Schrift habe ihr Fluidum und lasse sich, meint er, ganz genau tasten. Er behauptet, es sei eine rein physische Erscheinung wie das Radio. Herr Staatsanwalt, das ist kein Schwindel; er, der Prinz Karadagh, nimmt nichts dafür, er soll einer sehr alten Familie in Baku entstammen, hat mir ein Russe erzählt. Aber was soll ich Ihnen sagen, sehen Sie sich's heute an, er wird heute abend bei uns sein. Da müssen Sie kommen."

„Hören Sie, Herr Janowitz", sagte der Herr Staatsanwalt, „das ist alles recht schön, aber Ausländern glaube ich nur die Hälfte, besonders wenn ich nicht weiß, wovon sie leben, Russen glaube ich noch weniger und diesen Fakiren am allerwenigsten; wenn er aber zu alldem noch ein Prinz sein soll, dann glaube ich ihm schon gar nicht. Wo, sagen Sie, hat er das erlernt? Aha, in Persien. Lassen Sie mich in Frieden, Herr Janowitz, der ganze Orient ist Humbug."

„Aber Herr Staatsanwalt", wehrte sich Herr Janowitz, „der junge Mann erklärt es ganz wissenschaftlich, keinerlei Zauber, keine geheimen Kräfte, sondern streng wissenschaftliche Methode, sage ich Ihnen."

„Dann ist es ein um so größerer Humbug", meinte der Herr Staatsanwalt. „Herr Janowitz, ich wundere mich über Sie; Ihr Lebtag sind Sie ohne streng wissenschaftliche Methoden ausgekommen, und plötzlich werfen Sie nur so damit herum. Hören Sie, wenn was dran wäre, müßte es doch schon längst bekannt sein, nicht?"

„Nun ja", entgegnete Herr Janowitz, etwas unsicher geworden, „wenn ich aber mit eigenen Augen gesehen habe, wie er den ganzen alten Weinberger erraten hat! Einfach genial! Wissen Sie was, Herr Staatsanwalt, kommen Sie sich's ansehen; ist es Schwindel, so erkennen Sie es sofort, das verstehen Sie doch; Ihnen kann doch niemand was weismachen!"

„Ich glaube kaum", sagte der Herr Staatsanwalt bescheiden. „Ich komme also, Herr Janowitz, aber nur, um Ihrem Phänomen auf die Finger zu gucken. Eine Schande, daß die Menschen bei uns so leichtgläubig sind. Sie dürfen ihm aber nicht sagen, wer ich bin! Warten Sie, ich stecke ihm eine Handschrift in den Umschlag, das wird was ganz Besonderes sein. Wetten wir, daß ich ihm den Humbug nachweise."

Dazu muß man wissen, daß der Herr Staatsanwalt (oder genauer gesagt Herr Oberstaatsanwalt Dr. Klapka) in der nächsten Geschworenensitzung die Anklage im Prozeß Hugo Müller, Verbrechen des Meuchelmordes, vertreten sollte. Herr Hugo Müller, seines Zeichens Fabrikant und Millionär, war angeklagt, seinen jüngeren Bruder Otto auf einen hohen Betrag versichert und ihn dann im Hirschberger See ertränkt zu haben; außerdem stand er im Verdacht, vor Jahren seine Geliebte beseitigt zu haben, was sich natürlich nicht mehr nachweisen ließ, kurz, es war einer jener großen Prozesse, den sich der Herr Staatsanwalt besonders angelegen sein lassen wollte. So arbeitete er an den Akten mit all dem Fleiß und der Gründlichkeit, die ihn zum gefürchtetsten öffentlichen Ankläger machten. Die Sache war nicht klar, der Herr Staatsanwalt hätte Gott weiß was für einen einzigen direkten Beweis gegeben; doch wie die Dinge lagen, mußte er sich mehr auf seine Beredsamkeit verlassen, um von den Geschworenen den Strang für Herrn Müller zu erreichen — denn das ist für jeden öffentlichen Ankläger Ehrensache!

Herr Janowitz war an diesem Abend ein klein wenig aufgeregt. „Das ist Prinz Karadagh“, stellte er halblaut vor, „Herr Doktor Klapka; wir können beginnen, nicht wahr.“

Der Herr Staatsanwalt musterte das exotische Tier forschend; es war ein junger, schlanker Mensch mit Brille, mit dem Gesicht eines tibetanischen Mönches und zarten Diebshänden. „Hochstapler“, entschied der Herr Staatsanwalt kurz.

„Herr Karadagh“, plapperte Herr Janowitz,

„hier an dieses Tischchen! Mineralwasser steht schon bereit. Bitte, schalten Sie sich die Stehlampe ein, den Luster werden wir auslöschen, damit er Sie nicht stört. So. Ich bitte um Ruhe, meine Herren. Herr — eh, Herr Klapka hier hat eine Handschrift mitgebracht; wenn Herr Karadagh so freundlich sein wollte —"

Der Herr Staatsanwalt räusperte sich und setzte sich so, daß er den Hellseher genau im Auge behalten konnte. „Hier ist die Handschrift", sagte er und zog einen nicht verklebten Umschlag aus der Brieftasche. „Bitte."

„Danke", sagte der Hellseher schwach, nahm den Umschlag und wendete ihn mit geschlossenen Augen zwischen den Fingern. Plötzlich begann er zu zittern und schüttelte den Kopf. „Merkwürdig", murmelte er und nahm einen Schluck Wasser zu sich. Dann schob er seine dünnen Finger in den Umschlag und erstarrte; es schien, als ob das gelbliche Gesicht noch blasser werde.

Im Zimmer herrschte eine solche Stille, daß man das Röcheln des Herrn Janowitz vernehmen konnte, Herr Janowitz hatte nämlich einen Kropf.

Die dünnen Lippen des Prinzen Karadagh bebten und verzerrten sich, als hielte er glühendes Eisen in den Fingern, auf seine Stirn trat Schweiß. „Ich halte es nicht aus", keuchte er beengt, zog die Finger aus dem Umschlag, wischte sie mit dem Taschentuch ab und fuhr mit ihnen mehrmals über den Tuchüberzug des Tisches, als würde er ein Messer schleifen; hierauf schlürfte er wieder erregt Wasser und nahm den Umschlag vorsichtig zwischen die Finger.

„Der Mensch, der dies geschrieben hat", begann er trocken, „der Mensch, der dies geschrieben hat... Es ist eine große Kraft da, aber eine solche", hier suchte er sichtlich nach einem Wort, „eine Kraft, die lauert. Dieses Lauern ist furchtbar", rief er aus und ließ den Umschlag auf den Tisch fallen. „Diesen Menschen möchte ich nicht zum Feind haben!"

„Warum?" konnte sich der Herr Staatsanwalt nicht enthalten. „Hat er etwas verbrochen?"

„Fragen Sie mich nicht", sagte der Hellseher. „Jede Frage ist ein Wink. Ich weiß, nur so viel, daß er imstande wäre, was immer zu begehen — große und furchtbare Taten. Es ist ein unerhörter Wille da... Erfolg zu erringen... Geld... Der Mann würde nicht vor dem Leben seines Nächsten zurückschrecken. Nein, das ist kein gewöhnlicher Verbrecher; der Tiger ist auch kein Verbrecher; der Tiger ist ein großer Herr. Dieser Mensch ist keiner Unsauberkeit fähig, aber er glaubt, über Menschenleben schalten zu können. Wenn er auf seiner Jagd ist, sieht er in den Menschen nur Beute. Dann tötet er sie."

„Jenseits von Gut und Böse", brummte der Staatsanwalt sichtlich zustimmend.

„Das sind bloß Worte", sagte Prinz Karadagh. „Niemand steht jenseits von Gut und Böse. Dieser Mensch hat seine genauen Moralbegriffe; er schuldet niemandem etwas, stiehlt nicht, lügt nicht; würde er töten, so ist es, als setzte er einen auf dem Schachbrett matt. Das ist sein Spiel, aber er spielt es richtig." Der Hellseher zog die Stirn angestrengt in Falten. „Ich weiß nicht, was es ist. Ich sehe einen großen Teich und darauf ein Motorboot."

„Und was weiter", stieß der Staatsanwalt plötzlich schwer atmend hervor.

„Sonst ist nichts zu sehen; alles ist völlig in Nebel gehüllt. Es ist so merkwürdig neblig im Vergleich zu dem grausamen und rücksichtslosen Willen, seine Opfer zur Strecke zu bringen. Aber es ist keine Leidenschaft darin, bloß Verstand. Eine vollkommen verstandesmäßige Erwägung in jeder Einzelheit. Als löste man eine Aufgabe oder ein technisches Problem. Nein, dieser Mensch macht sich nie Vorwürfe. Er ist so selbstgewiß, so sicher vor sich selbst; er braucht sich vor seinem Gewissen nicht zu fürchten. Ich habe den Eindruck von einem Menschen, der auf alles von oben herabsieht, er ist äußerst hochmütig und selbstgefällig, es freut ihn, daß ihn die Menschen fürchten." Der Hellseher schlürfte Wasser. „Aber er ist auch ein Komödiant. Im Grunde ein Profitjäger, der sich in einer gewissen Pose gefällt. Er möchte gern die Welt durch seine Taten in Staunen versetzen. — Genug. Ich bin müde. Ich mag ihn nicht."

„Hören Sie, Janowitz", erklärte der Herr Staatsanwalt erregt, „er ist wirklich erstaunlich, Ihr Hellseher. Das, was er sagte, ist ein vollkommenes Porträt. Ein starker und rücksichtsloser Mensch, der im Nächsten nur die Beute sieht, ein vollkommener Spieler seines Spiels, ein Hirn, das rein verstandesmäßig seine Tat vorbereitet und sich nie Vorwürfe macht, Gentleman und dabei Komödiant. Herr Janowitz, dieser Karadagh hat ihn hundertprozentig erfaßt."

„Sehen Sie", sagte Herr Janowitz geschmeichelt, „habe ich es Ihnen nicht gesagt? Das war ein Brief vom Schliefen aus Reichenberg, nicht wahr?"

„Woher denn, Herr Janowitz", rief der Herr Staatsanwalt, „das war der Brief eines Mörders."

„Aber, aber", wunderte sich Herr Janowitz, „und ich dachte, es wäre der Textil-Schliefen;

der ist nämlich ein ganz großer Gauner, der Schliefen."

„Nein, der Brief war von Hugo Müller, dem Brudermörder. Haben Sie bemerkt, wie der Hellseher von dem Boot auf dem Teiche sprach? Aus diesem Boot hat Müller seinen Bruder ins Wasser geworfen."

„Aber, aber", staunte Herr Janowitz, „also sehen Sie! Das ist doch ein fabelhaftes Talent, Herr Staatsanwalt."

„Unstreitig", erklärte der Herr Staatsanwalt. „Wie er nur den Charakter des Müller erfaßt hat und die Motive seiner Tat, das ist einfach phänomenal, Herr Janowitz. Nicht einmal ich würde diesen Müller so vollkommen schildern. Und dieser Hellseher erkennt das tastend, aus ein paar Zeilen von Müllers Schrift — Herr Janowitz, etwas ist dran, es muß in der menschlichen Handschrift irgendein besonderes Fluidum oder was Ähnliches geben."

„Was habe ich Ihnen gesagt?" triumphierte Herr Janowitz. „Wenn Sie so freundlich wären, Herr Staatsanwalt, ich habe noch nie die Handschrift eines Mörders gesehen."

„Mit Vergnügen", sagte der Herr Staatsanwalt und zog den Umschlag aus der Tasche. „Übrigens ist es ein interessanter Brief", fügte er hinzu, nahm das Papier aus dem Umschlag und verfärbte sich jäh. „Nämlich... Herr Janowitz", brachte er irgendwie unsicher hervor, „der Brief gehört zu den Gerichtsakten, das heißt... ich darf ihn nicht zeigen. Entschuldigen Sie, bitte."

Eine Weile später lief der Herr Staatsanwalt nach Hause, ohne zu merken, daß es regnete. Ich Esel, sagte er bitter zu sich, ich Dummkopf, wie konnte mir das nur geschehen? Ich Idiot! In der Eile in den Akten statt Müllers Brief meine eigene Handschrift erwischen und in den Umschlag stecken! Ich Tölpel! Es war also meine Schrift! Danke schön! Na warte, du Schwindler, dich werde ich mir aufs Korn nehmen.

Übrigens, beruhigte sich der Staatsanwalt, war es im großen und ganzen nicht so arg, was er gesagt hat. Eine große Kraft, staunenswerter Wille, bitte; ich bin keiner Schmutzigkeit fähig, habe meine eigenen Moralbegriffe — eigentlich ist das ganz schmeichelhaft. Daß ich mir nie Vorwürfe mache? Gott sei Dank, ich habe auch keine Ursache dazu: ich erfülle nur meine Pflicht. Und mit der verstandesmäßigen Erwägung stimmt es auch. Aber mit dem Komödianten hat er sich geirrt. Es ist doch nur Humbug.

Plötzlich blieb er stehen. Selbstverständlich, meinte er bei sich, was der Hellseher gesagt hat, kann doch auf jeden zweiten zutreffen. Das sind bloß Gemeinplätze. In jedem Menschen steckt etwas von einem Komödianten und einem Profitjäger. Das ist der ganze Trick: so zu sprechen, daß sich jeder darin erkennen kann. So ist es, entschied der Herr Staatsanwalt und ging, nachdem er den Schirm geöffnet hatte, mit seinen gleichmäßigen, energischen Schritten heimwärts.

„Gott im Himmel", jammerte der Gerichtsvorsitzende, seinen Talar ablegend, „es ist bereits sieben, das hat sich wieder einmal in die Länge gezogen. Der Herr Staatsanwalt hat zwei Stunden lang gesprochen — aber er hat die Sache gewonnen, Herr Kollege, auf schwache Indizien hin den Strang zu erwirken, das nennt man Erfolg. Nun ja, bei Geschworenen kann man nie wissen. Aber geschickt hat er geredet", sagte der Vorsitzende, indes er sich die Hände wusch. „Besonders wie er die Charakteristik dieses Müller entwarf, das war ein fertiges Porträt; wissen Sie, der monströse, unmenschliche Charakter dieses Mörders — das hat einen geradezu erschüttert. Erinnern Sie sich, Herr Kollege, wie er sagte: Das ist kein gewöhnlicher Verbrecher, er ist keiner Unsauberkeit fähig, er stiehlt nicht und lügt nicht, wenn er aber einen Menschen mordet, so tut er es so ruhig, als setzte er jemanden auf dem Schachbrett matt. Er mordet nicht aus Leidenschaft, sondern aus verstandesmäßiger Erwägung, als würde er eine Aufgabe oder ein technisches Problem lösen. Sehr gut gesagt, Herr Kollege. Und weiter: Wenn er auf seiner Jagd ist, sieht er in seinen Mitmenschen nur die Beute — Wissen Sie, das mit dem Tiger war vielleicht etwas zu theatralisch, aber den Geschworenen hat es gefallen."

„Oder", meinte der Herr Votant, „wie er sagte: Dieser Mörder macht sich nie Vorwürfe, er ist so selbstgewiß, so sicher vor sich selbst — er braucht sich vor seinem Gewissen nicht zu fürchten."

„Oder wieder die psychologische Wahrnehmung", setzte der Herr Vorsitzende fort, während er sich die Hände im Handtuch abtrocknete, „daß er ein Komödiant ist und ein Poseur, der die Welt durch seine Taten in Staunen versetzen will —"

„Ja, ja, der Klapka", sagte anerkennend der Herr Votant. „Der ist ein gefährlicher Gegner."

„Hugo Müller schuldig mit zwölf Stimmen!" wunderte sich der Vorsitzende, „wer hätte das gedacht! Hat ihn Klapka also doch hineingeritten. Für ihn ist das wie Schachspiel oder Jagen. Er verbeißt sich in jeden Prozeß so — Herr Kollege, den möchte ich gerade nicht zum Feind haben."

„Es freut ihn", meinte der Herr Votant, „wenn ihn die Menschen fürchten."

„Etwas selbstgefällig ist er“, sagte der ehrenwerte Herr Vorsitzende nachdenklich, „aber er hat einen unerhörten Willen... vor allem, wenn er Erfolg erringen will. Eine große Kraft, Herr Kollege, aber — — —“ Dem Herrn Vorsitzenden fiel das richtige Wort nicht ein. „Na, gehen wir zu Abend essen!“

DAS GEHEIMNIS DER SCHRIFT

„Rubner“, sagte der Chefredakteur, „Sie werden sich den Graphologen Jensen ansehen gehen, er hat heute Abend eine Vorstellung vor Pressevertretern. Soll etwas Epochales sein, dieser Jensen! Schreiben Sie dann fünfzehn Zeilen darüber.“

„Gut“, brummte Rubner mit der gebührenden dienstlichen Ungefälligkeit.

„Aber achten Sie darauf, ob es kein Schwindel ist“, legte ihm der Chefredakteur ans Herz. „Kontrollieren Sie es gut, womöglich persönlich. Eben deshalb schicke ich Sie als erfahrenen Menschen —“

„— — — das wären also, meine Herrn, die Hauptgrundsätze der wissenschaftlichen, genauer gesagt, der psychometrischen Graphologie“, beendete an diesem Abend der Graphologe Jensen seine theoretischen Erläuterungen vor den Pressevertretern. „Wie Sie sehen, ist das ganze System auf rein experimentellen Gesetzen aufgebaut; allerdings ist die praktische Anwendung dieser exakten Methode so unendlich kompliziert, daß ich

sie in diesem einzigen Vortrag nicht genauer darlegen kann. Ich beschränke mich darauf, Ihnen praktisch die Analyse von zwei oder drei Handschriften vorzuführen, ohne Ihnen den ganzen Vorgang meiner Arbeit theoretisch zu erklären — dazu haben wir heute leider keine Zeit. Darf ich einen der Herren um irgendeine Handschrift bitten?"

Rubner, der schon darauf gewartet hatte, reichte dem großen Jensen sogleich ein beschriebenes Blatt Papier. Jensen setzte seine Zauberbrille auf und besah sich die Schrift.

„Aha, eine Frauenhand", grinste er. „Männerschrift ist in der Regel ausdrucksvoller und interessanter, aber schließlich —" Etwas brummend, starrte er aufmerksam auf das Blatt Papier. „Hm, hm", sagte er von Zeit zu Zeit und schüttelte den Kopf; es herrschte tiefe Stille.

„Stammt das nicht vielleicht — von einer Ihnen nahestehenden Person?" fragte plötzlich der Graphologe.

„Nein, nein", protestierte Rubner rasch.

„Um so besser", meinte der große Jensen, „hören Sie, die Frau lügt! Das ist der erste Eindruck dieser Schrift: Lüge, Lüge als Gewohnheit, Lüge als Lebensäußerung. Übrigens ist diese Person von ziemlich niedrigem Niveau, mit ihr hätte ein gebildeter Mensch nicht viel zu reden. — — — Sie ist furchtbar sinnlich, die Schrift zeigt geradezu fleischige Formen. Und schauderhaft unordentlich, in ihrer Umgebung muß es aussehen — na! Das sind die primären Züge, die ich Ihnen soeben genannt habe; das Erste, was man an einem Menschen erkennt, sind seine Gewohnheiten, nämlich Eigenschaften, die sich von selbst, geradezu mechanisch, äußerlich ausdrücken. Die eigentliche psychologische Analyse beginnt erst bei jenen Eigenschaften, welche die betreffende Person verleugnet oder unterdrückt, da sie sich sonst ihrer Umgebung ausliefern würde. Also zum Beispiel", sagte er und legte den Finger an die Nasenspitze, „diese Person würde wohl niemals eingestehen, was sie denkt. Sie ist oberflächlich, aber oberflächlich in doppeltem Sinn: sie zeigt sich oberflächlich, hat viele niedrige Interessen, aber mit all dem verbirgt sie nur, was sie tatsächlich denkt; und dieses verborgene Ich wiederum ist so schrecklich alltäglich, ich möchte sagen: Laster, beherrscht von geistiger Trägheit. Sehen Sie zum Beispiel: die Schrift ist nahezu unangenehm sinnlich — das ist auch ein Zeichen von Verschwendungssucht – und dabei so vulgär rechtschaffen; die Person hat ihre Bequemlichkeit viel zu gern, als daß sie irgendein Sinnesabenteuer suchen würde, freilich, wenn sich ihr Gelegenheit bietet — aber das ist nicht unsere Sache. — Ungewöhnlich bequem und dabei weitschweifig: wenn sie etwas tut, redet sie den halben Tag davon, bis zum Überdruß.

Sie beschäftigt sich viel zu sehr mit sich selbst, man merkt, daß sie niemanden gern hat; nur um ihrer Bequemlichkeit willen hängt sie sich schwer an irgendwen und redet ihm ein, daß sie ihn liebt und sich Gott weiß wie um ihn kümmert. Sie ist eine jener Frauen, vor denen jeder Mann ein Schwächling ist; er wird einfach zum Schwächling aus Langweile, durch das endlose Geschwätz, aus der erniedrigenden Materialität heraus. Beachten Sie nur, wie der Anfang der Worte und vor allem der Sätze geschrieben ist: so irgendwie schwungvoll und weich. Diese Person will befehlen und befiehlt auch tatsächlich, aber es ist keine Energie darin, sondern eine Art vorgetäuschter Wichtigkeit und viel Gerede, vielleicht auch erbärmliche Tyrannei, nämlich die Tyrannei der Tränen. Das ist merkwürdig: nach jedem solchen Schwung merkt man ein auffälliges, fast kleinmütiges Absinken; etwas bremst diese Person, sie erschrickt in einemfort vor etwas, wahrscheinlich, damit nichts ans Tageslicht kommt, was ihre materielle Bequemlichkeit bedrohen könnte; es muß etwas sehr Peinliches und sorgsam Verborgenes sein, hm, ich weiß nicht, wahrscheinlich etwas aus der Vergangenheit. Erst nach dieser Reaktion nimmt sie wieder ihre ganze Kraft oder — besser — Lebensroutine zusammen, um das Wort konventionell zu Ende zu schreiben — allerdings mit diesem selbstgefälligen und schwungvollen Schweifchen am Ende, das Selbstbewußtsein wächst bereits wieder in ihr. Da haben Sie, auf Grund der Analyse, wieder den Eindruck der Verlogenheit. Sie sehen daraus, meine Herren, wie die genaue Analyse zuletzt den ersten, allgemeinen, etwas intuitiven Eindruck bestätigen muß; diese endgültige Übereinstimmung nenne ich methodische Verifikation.

Ich sagte niedriges Niveau, aber dieses Niveau ist nicht durch die Primitivität gegeben, sondern durch Disharmonie; diese Schrift verstellt sich, sie gibt sich hübscher, als sie ist, tut es aber in Kleinlichkeiten. Diese Person achtet in Läppereien auf eine gewisse Korrektheit: sie setzt sorgfältig die i-Punkte, ist aber in großen Dingen nachlässig, disziplinlos, morallos, kurz, eine Schlampe. Am verblüffendsten sind die Striche, die Schrift hat die normale Neigung nach rechts, die Striche jedoch haben eine entgegengesetzte Richtung. Das macht einen so merkwürdigen Eindruck wie ein Dolchstoß von hinten. Es liegt etwas Heimtückisches und Hinterlistiges darin. Bildlich würde ich sagen, diese Person wäre imstande, einen Menschen von hinten zu erdolchen, aber sie tut es nicht, aus Bequemlichkeit und aus Mangel an Phantasie. Ich denke, das genügt uns. Hat jemand eine andere, interessantere Handschrift?"

An diesem Abend kam Rubner wie ein Donnerwetter heim.

„Zeit, daß du kommst", sagte Frau Rubner. „Hast du schon wo zu Abend gegessen?"

Rubner blickte sie finster an. „Fängst du schon wieder an?" knurrte er drohend.

Frau Rubner zog verwundert die Brauen hoch. „Ich bitte dich, wieso fange ich wieder an? Ich frage nur, ob du zu Abend essen willst."

„Da hast du's", sagte Rubner mit Widerwillen. „Von was anderem kannst du natürlich nicht reden, als von dem ewigen Essen. Das sind deine niedrigen Interessen. Es ist so niederdrückend, dieses ewige Gequassel, diese Materialität und Langweile —" Rubner seufzte und tat eine hoffnungslose Handbewegung. „Ich weiß, dadurch macht man aus Männern Schwächlinge."

Frau Rubner legte die Näharbeit in den Schoß und sah ihn aufmerksam an: „Franz", sagte sie besorgt, „ist dir vielleicht etwas Unangenehmes zugestoßen?"

„Aha", fuhr Rubner sie boshaft an. „Kümmerst du dich schon wieder um mich? Glaub nur ja nicht, bitte, daß du mir das einreden kannst. Ja, meine Liebe, einmal durchschaut man die ganze Verlogenheit, einmal kommt einem zum Bewußtsein, wie schwer sich jemand an einen hängt, nur seiner Bequemlichkeit wegen... und aus bloßer Sinnlichkeit. Pfui!" brüllte Rubner, „man schaudert förmlich."

Frau Rubner schüttelte den Kopf und wollte etwas sagen, doch sie preßte lieber die Lippen aufeinander und begann rasch zu nähen; es war still.

„Da sieht es wieder aus", zischte Rubner nach einer Weile und blickte drohend um sich. „Unordnung und Schlamperei — selbstverständlich, in Läppereien wird auf Ordnung gehalten und auf Korrektheit, aber in größeren Dingen — Was haben die Fetzen da zu schaffen?"

„Ich flicke deine Hemden", preßte Frau Rubner mit zugeschnürter Kehle heraus.

„Hemden flickst du", höhnte Rubner. „Sieh mal, du flickst Hemden! Natürlich, davon muß alle Welt wissen, nicht wahr? Einen halben Tag muß bloß davon geredet werden, daß jemand Hemden flickt! Wird da ein Gerede und Wichtiggetue damit gemacht! Und du glaubst, du kannst deshalb hier befehlen? Ah, meine Liebe, das hört jetzt auf!"

„Franz“, stöhnte Frau Rubner entsetzt, „habe ich dir was getan?“

„Weiß ich?“ fuhr Rubner sie an. „Ich weiß nicht, was du getan hast, ich weiß nicht, was du denkst und was du im Schilde führst; nichts weiß ich von dir, gar nichts, weil du schlau genug verbirgst, was in dir steckt! Nicht einmal deine Vergangenheit kenne ich!“

„Erlaube mal“, brauste Frau Rubner auf, „da hört sich doch alles auf! Noch ein Wort —“ Sie beherrschte sich mit aller Macht. „Mann“, sagte sie entsetzt, „was ist mit dir los?“

„Aha“, verkündete Rubner sieghaft, „da haben wir's! Wovor bist du so erschrocken? Daß etwas an den Tag kommen könnte, was deinen Wohlstand bedrohen würde, he? Das kennen wir, auch bei aller Bequemlichkeit findet sich hie und da Gelegenheit zu irgendeinem Abenteuer, nicht wahr?“

Frau Rubner saß da wie versteinert. „Mann“, brachte sie, Tränen schluckend, endlich hervor, „wenn du was gegen mich hast, so sag es doch — um Himmels willen — gerade heraus!“

„Gar nichts“, erklärte Rubner mit gewaltiger Ironie, „aber woher denn, rein nichts habe ich gegen dich! Es bedeutet doch nichts, wenn man eine Frau ohne Disziplin hat, ohne

Moral, eine, die verlogen ist, unordentlich, vulgär, faul, verschwenderisch und schrecklich sinnlich! Und dazu noch von so niedrigem Niveau —"

Frau Rubner schluchzte und erhob sich, die Näharbeit fiel zur Erde.

„Hör' auf damit", schrie ihr Mann sie voll Verachtung an, „das ist die erbärmlichste Tyrannei, diese Tyrannei der Tränen!"

Aber Frau Rubner hörte ihn nicht mehr an, sondern stürzte, von krampfhaftem Weinen gewürgt, in ihr Schlafzimmer.

Rubner kicherte tragisch und steckte noch einmal den Kopf durch die Tür: „Einem den Dolch in den Rücken stoßen", brüllte er, „das wärst du noch imstande, doch selbst dazu bist du viel zu bequem!"

Am Abend darauf kehrte Rubner in seinem Stammgasthaus ein. „Da lese ich gerade in Ihrer Zeitung", begrüßte ihn Herr Plecka und sah ihn über die Brille an, „wie der Graphologe Jensen über den Klee gelobt wird. Ist da was dran, Herr Redakteur?"

„Na und ob", sagte Herr Rubner. „Also, Herr Jantzer, bringen Sie mir meinetwegen den Rostbraten, aber daß er nicht zäh ist. Hören Sie, das ist ein Phänomen, der Jensen, ich habe ihn gestern gehört. Der analysiert die Schrift absolut wissenschaftlich."

„Dann ist es ein Schwindel", meinte Herr Plecka. „Herr, ich glaube allem, nur nicht der Wissenschaft. Das ist genau so wie mit den Vitaminen — solange es keine Vitamine gegeben hat, wußte man zumindest, was man ißt, jetzt weiß man es nicht mehr, jetzt gibt es im Rostbraten unbekannte Lebensfaktoren. Pfui Teufel", sagte Herr Plecka angeekelt.

„Das ist was anderes", erklärte Herr Rubner, „da müßte ich Ihnen, Herr Plecka, des langen und breiten erzählen, was Psychometrie, Automatismus, primäre und sekundäre Zeichen und ähnliche Dinge sind. Aber ich sage Ihnen, dieser Jensen liest aus der Handschrift wie aus einem Buch. Und dabei schildert er den Menschen so vollkommen, daß man ihn geradezu vor sich sieht; er sagt Ihnen, wie er ist, was für eine Vergangenheit er hat, was er denkt, was er verbirgt, kurz, alles! Ich bin dabeigewesen, Herr!"

„Hören Sie auf", brummte Herr Plecka skeptisch.

„Dann will ich Ihnen einen Fall erzählen —", begann Herr Rubner. „Ein Herr, ich werde ihn nicht nennen, aber ein sehr bekannter Mann — gab diesem Jensen ein Blatt mit der Handschrift seiner Frau. Kaum hatte Jensen einen Blick auf die Schrift geworfen, fängt er gleich an: Dieses Frauenzimmer ist durch und durch verlogen, unordentlich, schrecklich sinnlich und oberflächlich, faul, verschwenderisch, geschwätzig, kommandiert daheim, hat eine schlechte Vergangenheit, und will noch dazu ihren Mann umbringen! — Stellen Sie sich vor, der Mann wird totenbleich, weil das alles wortwörtlich wahr ist. Denken Sie nur, zwanzig Jahre lebt er mit ihr glücklich und ahnungslos! Während der zwanzig Jahre Ehe hat er an dem Frauenzimmer nicht ein Zehntel dessen entdeckt, was Jensen auf den ersten Blick herausgefunden hat. Das ist doch eine Leistung, nicht? Herr Plecka, das muß auch Sie überzeugen!"

„Wundert mich", meinte Herr Plecka, „daß dieser Trottel, der Mann, in den zwanzig Jahren nichts gemerkt hat."

„Ich bitte Sie", sagte Herr Rubner rasch, „wenn sich dieses Weibsbild so geschickt verstellt hat, und der Mann war doch mit ihr sonst ganz glücklich. — — So ein glücklicher Mensch hat keine Augen. Und dann, müssen Sie wissen, fehlten ihm auch die wissenschaftlichen und exakten Methoden. Das ist halt so! Was wir mit gewöhnlichen Augen weiß sehen, das hat wissenschaftlich ganz andere Farben. Erfahrung, mein lieber Herr, bedeutet gar nichts, ein moderner Mensch schwört nur noch auf exakte Methoden. Wundern Sie sich nicht, daß der Betreffende keine Ahnung hatte, was für eine Bestie er sich daheim hält; er ist ihr einfach nicht mit wissenschaftlichen Methoden zu Leibe gegangen, das ist es eben."

„Und jetzt läßt er sich wohl von ihr scheiden?" mischte sich der Herr Gastwirt Jantzer ins Gespräch.

„Das weiß ich nicht", meinte Herr Rubner nachlässig, „um solche Dummheiten kümmere ich mich nicht. Mich interessiert an der Sache nur, wie sich aus der Handschrift herauslesen läßt, was sonst kein Mensch wahrnimmt. Stellen Sie sich nur vor, Sie kennen jemanden jahrelang als braven und anständigen Menschen und plötzlich — bums! — sehen Sie aus seiner Schrift, daß er ein Dieb und Erzlump ist. Ja, mein Lieber, man darf eben niemandem auf sein Gesicht hin trauen; erst so eine Analyse zeigt, was in einem steckt!"

„Na hören Sie mal", wunderte sich Herr Plecka beklommen, „da muß man sich ja fast fürchten, jemandem zu schreiben."

„Eben, eben", meinte Herr Rubner. „Stellen Sie sich nur vor, was für eine Bedeutung diese wissenschaftliche Graphologie, sagen wir, für die Kriminalität haben wird. Herr, da wird man einen Menschen einsperren können, noch ehe er etwas gestohlen hat; die Schrift verrät zum Beispiel, daß der Kerl ein sekundäres Diebsmerkmal hat, also schwupps ins Loch mit ihm! Das hat eine ungeheure Zukunft. Ich sage Ihnen, das ist eine fertige Wissenschaft, darüber kann es nicht den geringsten Zweifel geben.“ Herr Rubner sah auf die Uhr. „Na, schon zehn, da werde ich wohl heimgehen.“

„Warum denn heute so bald?“ meinte Herr Plecka.

„Sie wissen doch“, sagte Herr Rubner weich, „die Frau würde sonst brummen, daß ich sie immer so allein lasse.“

DER VOLLKOMMENE BEWEIS

„Weißt du, Toni", sagte der Untersuchungsrichter Mates zu seinem besten Freund, „das ist Erfahrungssache: ich glaube keinen Ausreden, keinem Alibi und keinem Geschwätz, ich glaube weder dem Angeklagten noch den Zeugen. Der Mensch lügt, selbst wenn er nicht will; so ein Zeuge schwört dir meinetwegen, daß er gegen den Angeklagten keinerlei Feindschaft hegt, und dabei weiß er selbst nicht, daß er ihn in der Tiefe seiner Seele, weißt du, im Unterbewußtsein, aus unterdrückter Abneigung oder Eifersucht haßt. Alles, was der Angeklagte aussagt, ist im vorhinein erdacht oder erklügelt; alles, was der Zeuge aussagt, kann den bewußten oder unbewußten Absichten dienen, dem Angeklagten zu helfen oder ihn zu belasten. Das kenne ich, mein Lieber! Der Mensch ist ein durch und durch verlogenes Luder.

Wem ich also glaube? Dem Zufall, lieber Toni, unabsichtlichen, unwillkürlichen oder, wie soll ich's nennen, unkontrollierbaren Regungen, Taten oder Worten, die einem hie und da entschlüpfen. Alles läßt sich fälschen oder zurechtrücken, alles ist Verstellung oder Absicht, bloß der Zufall nicht; das erkennt man auf den ersten Blick. Ich habe da folgende Methode: Ich sitze und lasse die Leute schwatzen, was sie sich vorher ausgedacht und zurechtgelegt haben; ich tue, als glaubte ich ihnen, helfe ihnen noch, damit ihnen das Mundwerk besser geht und lauere nur, bis ihnen irgendein unwillkürliches, ungewolltes Wörtchen entschlüpft; dazu, weißt du, muß man Psychologe sein. Mancher Untersuchungsrichter hat die Taktik, den Angeklagten zu verwirren, deshalb springt er ihm immerfort in die Rede und verwirrt ihn so, daß sich der Schafskopf zu guter Letzt selbst dazu bekennt, die Kaiserin Elisabeth ermordet zu haben. Ich will unbedingte Gewißheit, deshalb warte ich geduldig, bis aus diesen systematischen Lügen und Ausflüchten, die man mit dem Fachausdruck Aussage benennt, unwillkürlich ein Stückchen Wahrheit aufleuchtet. Du mußt nämlich wissen, die reine Wahrheit zeigt sich in diesem Jammertal nur versehentlich, nur wenn sich das Menschenwesen irgendwie verschnappt oder vergreift.

Hör' mal, Toni, ich habe keine Geheimnisse vor dir, wir sind doch Kameraden von Jugend auf — du wirst noch wissen, wie du einmal Prügel bekommen hast, als ich ein Fenster eingeworfen hatte. Keinem Menschen würde ich es erzählen, aber einer Sache schäme ich mich so, daß es heraus muß. Da hilft nichts, der Mensch muß beichten. Ich werde dir erzählen, wie sich diese Methode jetzt bewährt hat in meinem... in meinem allerprivatesten Leben, kurz, in meiner Ehe. Und dann sage mir, bitte, daß ich ein Dummkopf und Grobian war — ich verdiene es.

Menschenskind, ich... na also, ich habe meine Frau Martha verdächtigt, kurz, ich war eifersüchtig wie ein Narr. Ich hatte mir in den Kopf gesetzt, daß sie etwas mit diesem... mit dem jungen Dingsda hat... ich will ihn Arthur nennen, ich glaube, du kennst ihn ohnehin nicht. Ich bin kein Menschenfresser, wenn ich sicher wüßte, daß sie ihn liebt, würde ich sagen: Martha, gehen wir auseinander. Aber das ist das Ärgste, ich hatte keine Gewißheit; Toni, du ahnst nicht, was für Qualen das sind. Herrgott, war das ein gräßliches Jahr! Weißt ja, was für Blödsinn so ein eifersüchtiger Gatte treibt: er spürt nach, lauert auf, holt die Dienstboten aus, macht Szenen... Und nun stelle dir vor, daß ich zufällig Untersuchungsrichter bin: Mensch, mein Familienleben im vergangenen Jahr war ein ununterbrochenes Kreuzverhör von früh bis... bis wieder ins Bett.

Die Beschuldigte, will sagen Martha, hielt

sich prächtig; auch wenn sie weinte, auch wenn sie beleidigt schwieg oder aussagte, wo sie den ganzen Tag über gewesen und was sie getan hatte, lauerte ich vergebens darauf, daß sie sich irgendwie versprechen oder verraten würde. Gelogen hat sie oft, will sagen zumeist, aber das ist schon so eine weibliche Angewohnheit; ein Frauenzimmer wird dir nicht einmal ordentlich sagen, daß sie zwei Stunden bei der Modistin gewesen ist — sie denkt sich aus, daß sie beim Zahnarzt war oder auf dem Friedhof am Grab der Mutter. Je mehr ich sie quälte, Toni, — ein eifersüchtiger Kerl ist ärger als ein toller Hund — je mehr ich sie kujonierte, um so weniger Gewißheit hatte ich. Jedes ihrer Worte, jede Ausrede habe ich zehnmal umgedreht und ausgeweidet, aber ich habe nichts gefunden als die gewöhnlichen absichtlichen Halbwahrheiten und Halblügen, aus denen der normale menschliche Verkehr und die Ehe im besonderen besteht, ist es nicht so? Ich weiß, wie mir dabei zu Mute war; doch wenn ich bedenke, was die arme Martha dabei mitgemacht hat, möchte ich mich am liebsten ohrfeigen.

Heuer ist also Martha nach Franzensbad gefahren — du weißt ja, Frauengeschichten und so, kurz, sie hat schlecht ausgesehen. Selbstverständlich ließ ich sie dort überwachen — ich habe da so einen erbärmlichen Wicht

Teurer Arthur!

Seien Sie mir nicht böse, daß ich Ihnen so lange nicht geantwortet habe; aber ich hatte Sorgen, weil mir Franz — das bin nämlich ich, verstehst du? — so lange nicht schrieb, ich weiß, er hat viel Arbeit, aber wenn man so lange ohne Nachricht von seinem Mann ist, dann geht man herum wie ein Körper ohne Seele; aber das, Arthur, werden Sie nicht verstehen. Nächsten Monat kommt mich Franz besuchen, da könnten Sie mitkommen. Er schrieb mir, daß er jetzt einen sehr interessanten Fall hat, führte aber nicht an, welchen; ich glaube, es ist der Mordfall Hugo Müller, es würde mich schrecklich interessieren. Es tut mir so leid, daß sich Franz Ihnen ein wenig entfremdet hat, aber das kommt nur daher, weil er so viel Arbeit hat, wäre es wie früher, könnten Sie ihn unter Menschen bringen oder einen Autoausflug unternehmen. Sie waren stets so nett zu uns und vergessen uns auch jetzt nicht, wenn es auch nicht mehr so ist, wie es sein sollte, aber Franz ist so nervös und eigen. Sie haben mir gar nicht geschrieben, was Ihr Mädchen macht. Franz klagt, daß es in Prag furchtbar heiß ist, er sollte doch herkommen und ausspannen, aber sicher sitzt er bis in die

Nacht im Amt. Wann fahren Sie ans Meer? Ich hoffe, Sie nehmen Ihr Mädchen mit, Sie wissen ja gar nicht, wie uns Frauen zu Mute ist, wenn wir uns verlassen fühlen.

Herzlich grüßt Sie, Arthur, Ihre

Martha Mates.

Toni, was sagst du dazu? Ich weiß, es ist kein geistreicher Brief, dem Stil und dem Inhalt nach eine ganz schwache Leistung; aber Mensch, was für ein Licht wirft er auf Martha und ihr Verhältnis zu dem armen Tropf Arthur! Nie würde ich ihr so ganz geglaubt haben, sie hätte mir sagen können, was sie wollte, aber da hielt ich etwas so Unwillkürliches, etwas so von ihrem Willen Unabhängiges in der Hand... du siehst, daß sich die Wahrheit, die untrügliche und unzweifelhafte Wahrheit nur aus Versehen offenbart. Ich hätte am liebsten vor Freude geheult — und zugleich vor Scham, daß ich so blödsinnig eifersüchtig gewesen war.

Was ich dann getan habe? Nun, mit einem Bindfaden die Akten des Mordfalles Hugo Müller verschnürt, in die Schublade gesperrt, und am nächsten Tag war ich in Franzensbad. Als mich Martha erblickte, wurde sie rot und quieckte wie ein kleines Mädchen, sie sah aus, als hätte sie etwas Furchtbares verbrochen. Ich tat nichts dergleichen. ‚Franz', sagte Martha nach einer Weile, ‚hast du meinen Brief bekommen?"

‚Welchen Brief?' wunderte ich mich, ‚du schreibst mir ja verteufelt wenig.'

Martha sah mich verdutzt an und seufzte auf, als würde ihr plötzlich leichter ums Herz: ‚Da habe ich wohl vergessen, ihn dir zu schicken', sagte sie und kramte in ihrem Täschchen, bis sie einen etwas zerknitterten Brief herausfischte. Er fing mit den Worten an: ‚Teurer Franz!' Ich mußte im Geiste lachen. Herr Arthur hatte wahrscheinlich postwendend zurückgeschickt, was ihm nicht gehörte.

Dann fiel kein Wort mehr darüber; selbstverständlich begann ich von dem Verbrechen Hugo Müllers zu erzählen, das sie so sehr interessierte. Ich denke, sie glaubt heute noch, ich hätte den Brief nicht erhalten.

Ja, und das ist alles. Seit der Zeit ist wenigstens Ruhe bei uns daheim. Sag selbst, war ich nicht ein Idiot mit meiner gemeinen Eifersucht? Weißt du, jetzt bemühe ich mich, es Martha zu entgelten, erst aus dem Brief habe ich ersehen, wie sich die Arme um mich sorgt. So, jetzt ist es draußen, der Mensch schämt sich seiner Dummheit mehr als seiner Sünden.

Aber hier hast du ein klassisches Beispiel,

welche Beweiskraft so ein reiner und unwillkürlicher Zufall hat, nicht?"

Ungefähr zur selben Zeit sagte der junge Mann, hier Arthur genannt, zu Frau Martha: „Also was ist, Süße, hat es geholfen?"

„Was, Liebling?"

„Der Brief, den du ihm damals aus Versehen geschickt hast."

„Na, und ob", sagte Frau Martha und wurde nachdenklich. „Weißt du, Junge, ich schäme mich fast, daß Franz mir jetzt so ganz vertraut. Er ist seit der Zeit so brav zu mir... den Brief trägt er immerfort auf dem Herzen." Frau Martha erbebte. „Eigentlich ist es schrecklich, daß... daß ich ihn so betrüge, meinst du nicht?"

Aber Herr Arthur meinte es nicht, zumindest behauptete er das ganz entschieden.

DAS EXPERIMENT DES PROFESSORS ROUSS

Unter den Anwesenden befanden sich namentlich: der Innenminister, der Justizminister, der Polizeipräsident, mehrere Abgeordnete, einige hohe Beamte, hervorragende Juristen, führende Gelehrte und natürlich auch Pressevertreter; denn die müssen überall dabei sein.

„Meine Herren", begann der Professor der Harvard Universität, C. G. Rouss, unser berühmter amerikanischer Landsmann, „das Experiment, das ich Ihnen zeigen werde, geht auf ältere Arbeiten einer großen Reihe meiner gelehrten Kollegen und Mitarbeiter zurück; indeed, an der ganzen Sache ist eigentlich nichts Neues und eh, really, es ist... es ist eine alte Mär", stieß er hervor, erfreut, daß ihm das rechte Wort eingefallen war. „Nur die method der Anwendung und eh, die praktische Verwendung einiger theoretischer experiences war das Objekt meiner Arbeit. Ich bitte insbesondere die Herren Kriminalisten, diese Sache nach practice zu beurteilen. Well.

Die ganze Sache ist also die: ich nenne Ihnen ein Wort und sie müssen mir ein anderes Wort sagen, das Ihnen im gleichen Augenblick einfällt, selbst wenn es vielleicht ein nonsens, eh, Blödsinn, ich meine Unsinn ist. Und zum Schluß werde ich Ihnen nach den Worten, die Sie mir geben, verraten, was Sie im Kopf haben, woran Sie denken und eh, was Sie verbergen. Verstehen Sie das? Ich werde Ihnen das nicht theoretically erklären, es sind associacions, unterdrückte Vorstellungen, ein wenig Suggestion und ähnliche Dinge. Ich werde ganz kurz sein: man muß da den Willen und die Erwägung aus — eh, well, ausschalten; dadurch befreien sich die unterbewußten connexions und ich werde daraus erkennen, was — was —" Der berühmte Professor suchte nach Worten: „Well, what's on the bottom of your mind."

„Was auf dem Grunde Ihrer Seele ist", half jemand aus dem Publikum.

„Stimmt", sagte C. G. Rouss befriedigt. „Sie müssen nur automatically sagen, was Ihnen in diesem Moment auf die Zunge kommt, ohne alle control und reserve. Mein business wird es dann sein, Ihre Vorstellungen zu analysieren. That's all. Ich will Ihnen dies also an einem Kriminal-case, eh, Fall zeigen, und dann an jemandem aus dem Auditorium, der sich melden wird. Well, der Herr Polizeidirektor wird uns sagen, was das für ein case mit dem Mann ist. Ich bitte!"

Der Polizeipräsident erhob sich und begann: „Meine Herren, der Mann, den Sie sogleich sehen werden, heißt Vinzenz Suchanek und ist ein Häusler und gelernter Schlosser aus Königssaal. Wir haben ihn bereits eine Woche in Polizeihaft, da er im Verdacht steht, den Taxichauffeur Josef Tschermak, der seit vierzehn Tagen abgängig ist, ermordet zu haben. Die Verdachtgründe sind folgende: das Auto des verschwundenen Tschermak wurde im Schuppen des verhafteten Suchanek gefunden, am Lenkrad und unter dem Führersitz sind Spuren von Menschenblut festgestellt worden. Der Verhaftete leugnet natürlich auf der ganzen Linie, er behauptet, das Auto von Tschermak für Sechstausend gekauft zu haben, weil er selbst ein Taxiunternehmen betreiben will. Wir haben sichergestellt, daß der verschollene Josef Tschermak tatsächlich geäußert hat, mit allem hinzuhauen, seinen alten Wagen zu verkaufen und sich irgendwo als Chauffeur zu verdingen; weitere Spuren von ihm fehlen jedoch. Da sonst keinerlei Material vorhanden ist, soll der verhaftete Suchanek morgen in die Untersuchungshaft eingeliefert werden. Ich habe die Bewilligung erwirkt, daß unser berühmter Landsmann, Professor C. G. Rouss, an ihm sein Experiment vornehmen darf; wenn Herr Professor wünschen..."

„Well", sagte der Professor, der sich fleißig

Anmerkungen gemacht hatte, „lassen Sie ihn, bitte, hereinkommen.“

Auf einen Wink des Polizeipräsidenten führte ein Schutzmann Vinzenz Suchanek herein; das war ein finster dreinblickender Kerl mit einem Ausdruck, der zu verstehen gab, daß ihn alle Leute gern haben könnten; was ihn selbst anging, so war er offensichtlich fest entschlossen, sich nicht unterkriegen zu lassen.

„Kommen Sie her, Sie“, redete ihn C. G. Rouss streng an, „ich werde Sie nicht verhören. Ich werde Ihnen nur Worte nennen und Sie müssen mir gleich das erste Wort sagen, das Ihnen einfällt, verstanden? Also aufgepaßt: Glas.“

„Dreck“, sagte Suchanek verstockt.

„Hören Sie, Suchanek“, unterbrach der Polizeipräsident rasch, „wenn Sie nicht ordentlich antworten, lasse ich Sie zum Verhör abführen, verstanden? Und dort wird man Sie die Nacht über belassen. Nehmen Sie sich in acht! Nochmals.“

„Glas“, begann Professor Rouss von neuem.

„Bier“, knurrte Suchanek.

„Sehen Sie, Mann“, meinte der berühmte Professor, „so ist es sehr gut.“

Suchanek blickte mißtrauisch auf. War da nicht ein Schwindel dabei?

„Gasse“, sagte der Professor.

„Wagen“, antwortete Suchanek ungefällig.

„Sie müssen rascher antworten. Bauernhaus!"

„Feld." — „Drehbank!" — „Messing."

„Sehr gut." Suchanek schien keine Einwendungen mehr gegen dieses Spiel zu haben. „Mutter!"

„Tante." — „Hund!" — „Hütte." — „Soldat!"

„Kanonier." So ging es Schlag auf Schlag, immer rascher und rascher; vermutlich begann es Suchanek zu unterhalten, es kam ihm vor wie das Trumpfen beim Kartenspielen. Gott, an was alles er sich bei diesem Spiel flüchtig erinnerte!

„Weg!" warf ihm C. G. Rouss in atemlosem Tempo zu.

„Straße." — „Prag!" — „Beraun." — „Verstecken!" — „Vergraben." — „Putzen!" — „Flecke." — „Fetzen!" — „Sack." — „Hacke!" „Garten." — „Grube!" — „Zaun." — „Leiche!" — Nichts.

„Leiche!" wiederholte der Professor eindringlich. „Also Sie haben die Leiche beim Zaun vergraben?"

„Ich habe nichts gesagt", fuhr Suchanek auf.

„Sie haben sie in Ihrem Garten beim Zaun vergraben", wiederholte C. G. Rouss hart. „Sie haben ihn unterwegs nach Beraun umgebracht. Haben das Blut im Wagen mit einem Sack abgewischt. Was haben Sie mit dem Sack gemacht?"

„Das ist nicht wahr", schrie Suchanek, „ich habe den Wagen vom Herrn Tschermak gekauft! Ich lasse mich von niemandem zum Narren halten..."

„Warten Sie, Mann", sagte Rouss. „Ich werde also bitten, daß die Policemen nachsehen gehen. Das ist nicht mehr mein business. Der Mann soll hinausgehen. Ich bitte, meine Herren, es hat 17 Minuten gedauert. Das war sehr schnell. Das war ein dummer case. Meist dauert es eine Stunde. Nun möchte ich bitten, daß einer der Herren heraufkommt und ich werde ihm Worte geben. Das wird sehr lange dauern, weil ich nicht weiß, was der Herr für ein... hat, ein secret, wie nennt man das?"

„Geheimnis", half jemand aus dem Auditorium.

„Geheimnis", freute sich unser gelehrter Landsmann, „das kenne ich, so heißt eine Oper. Das wird viel Zeit kosten, ehe uns der Herr seinen Charakter, seine Vergangenheit und seine verborgensten ideas verraten wird..."

„Gedanken", half die Stimme aus dem Publikum.

„Well, ich bitte Sie, meine Herren, wer will sich analysieren lassen?" Es trat eine Pause ein; einer der Anwesenden kicherte, doch niemand rührte sich.

„Ich bitte", wiederholte C. G. Rouss. „Es tut doch nicht weh."

„Gehen Sie, Herr Kollege", flüsterte der Innenminister dem Justizminister zu.

„Geh' du als Vertreter deiner Partei", stieß ein Abgeordneter den andern an.

„Herr Sektionschef, bitte", munterte ein hoher Beamte den Kollegen aus dem andern Ministerium auf.

Schon begann es fast peinlich zu werden; niemand der Anwesenden rührte sich.

„Aber bitte, meine Herren", sagte der amerikanische Gelehrte zum drittenmal, „haben Sie vielleicht Angst, Sie könnten sich verraten?"

Da wandte sich der Innenminister um und zischte: „Also geh doch einer von Ihnen, meine Herren!"

Im Hintergrunde des Auditoriums räusperte sich jemand bescheiden und erhob sich, es war ein hagerer und etwas schäbiger älterer Mensch mit aufgeregt sich bewegendem Adamsapfel. „Ich... ehm", sagte er scheu, „wenn also niemand, so würde ich mir erlauben — gewissermaßen —"

„Kommen Sie her", unterbrach ihn der Amerikaner gebieterisch, „setzen Sie sich. Sie müssen sagen, was Ihnen zuerst einfällt. Sie dürfen nicht überlegen. Sie müssen sagen, mechanically herausplatzen, Sie wissen selbst nicht wie. Verstanden?"

„Bitte", sagte der Versuchsmann bereitwillig, etwas bedrückt von einem so bedeutungsvollen Auditorium; hierauf räusperte er sich und schneuzte sich ängstlich wie ein Maturant.

„Baum", schoß der Gelehrte auf ihn los.

„Mächtiger", flüsterte der Alte.

„Wie bitte?" fragte der Gelehrte, der irgendwie nicht begriff.

„Waldriese", erklärte der Mann schüchtern.

„Ach so. Gasse!"

„Gasse — — Gasse im Festgewand", sagte das Männchen.

„Was meinen Sie damit?"

„Bitte, ein Fest. Oder ein Begräbnis."

„So. Sie haben nur Fest zu sagen. Womöglich mit einem Wort."

„Ja, bitte."

„Also weiter: Handel."

„Blüht. Krise unseres Handels. Politischer Handel."

„Hm. Amt."

„Welches, bitte?"

„Das ist ganz gleich. Sagen Sie irgendein Wort, rasch!"

„Wenn Sie vielleicht Ämter zu sagen beliebten...!"

„Well. Ämter!"

„Kompetente", platzte der Mann freudig heraus.

„Hammer!"

„Zange. Die Antwort mit der Zange ziehen. Er zerschmetterte ihm mit dem Hammer den Kopf."

„Curious", brummte der Gelehrte. „Blut!"

„Wie mit Blut übergossen. Unschuldig vergossenes Blut. Mit Blut geschriebene Geschichte."

„Feuer!"

„Mit Feuer und Schwert. Ein wackerer Feuerwehrmann. Feurige Rede. Mene Tekel."

„Das ist ein merkwürdiger case", sagte der Professor verblüfft. „Also nochmals. Sie, Mann, Sie müssen nur die erste Vorstellung sagen, verstehen Sie? Nur das, was Ihnen automatically einfällt, wenn Sie das Wort hören. Go on. Hand!"

„Brüderliche oder hilfreiche. Schwingt die Fahne. Mit geballten Fäusten. Unreine Hände. Auf die Finger klopfen."

„Augen!"

„Augen der urteilsfähigen Öffentlichkeit. Die Scheuklappen abnehmen. Augenzeuge. Sand in die Augen. Unschuldige Kinderaugen. Die Augen auswischen."

„Nicht so viel! Bier!"

„Frisches Lagerbräu. Dämon Alkohol."

„Musik!"

„Zukunftsmusik. Bewährte Kapelle. Musikervolk. Lockende Töne. Konzert der Großmächte. Friedensschalmeien. Nationalhymnen."

„Flasche!“

„Vitriol. Unglückliche Liebe. Im Krankenhaus unter furchtbaren Schmerzen gestorben.“

„Gift!“

„Gift und Galle. Brunnenvergifter.“

C. G. Rouss kratzte sich am Kopf. „Never heard that. Also von neuem, bitte. Ich möchte Sie nur aufmerksam machen, meine Herren, daß man stets bei... eh, bei solchen plain, gewöhnlichen Dingen beginnt, um den hauptsächlichsten interest und profession des Mannes zu finden. Also weiter: Rechnung!“

„Rechnung der Geschichte. Mit den Feinden abrechnen. Geht auf Rechnung unserer Gegner.“

„Hm. Papier!“

„Das Papier errötet vor Scham“, verkündete das Männchen energisch. „Wertpapiere. Papier verträgt alles.“

„Bless you“, sagte der Gelehrte gereizt. „Stein!“

„Steine werfen. Grabstein. Ewiges Gedenken“, sagte das Versuchsobjekt innig, „Ave anima pia.“

„Wagen!“

„Triumphwagen. Räder des Schicksals. Wagen der Rettungsstation. Reich dekorierter Wagen mit allegorischer Szene.“

„Aha“, rief C. G. Rouss, „that's it! Horizont!“

die Leiche des Josef Tschermak gefunden hat; er war beim Zaun im Garten dieses Suchanek vergraben, und darunter hat man einen blutigen Sack entdeckt. Sehen Sie, der Rouss hat es doch richtig erraten! Sie würden es nicht glauben, Herr Kollega: ich habe kein Wort von der Zeitung erwähnt und er hat ganz genau erkannt, daß ich Journalist bin. Meine Herren, hat er gesagt, Sie haben einen verdienten, hervorragenden Journalisten vor sich — — ich habe ja auch im Referat über seinen Vortrag geschrieben: Die Ausführungen unseres berühmten Landsmannes wurden mit schmeichelhafter Anerkennung unserer Fachkreise aufgenommen. Warten Sie, das sollte ich stilistisch noch verbessern: Die interessanten Ausführungen unseres berühmten Landsmannes wurden nach Verdienst mit lebhafter und schmeichelhafter Anerkennung seitens unserer Fachkreise aufgenommen. So muß es lauten."

DER VERLORENE BRIEF

„Beate", sagte der Herr Minister zu seiner Gattin und häufte sich eine gründliche Portion Salat auf, „heute Nachmittag habe ich einen Brief erhalten, der wird dich interessieren. Ich muß die Sache dem Ministerrat vorlegen. Wenn das herauskäme, dann wäre eine politische Partei ordentlich in der Klemme. Na, schau' dir das an", meinte der Herr Minister, wobei er erst in seine linke und dann in die rechte Brusttasche griff. „Warte, wo hab' ich ihn nur hingesteckt", brummte der Herr Minister, von neuem in die linke Brusttasche greifend; daraufhin legte er die Gabel beiseite und begann mit beiden Händen in den übrigen Taschen zu wühlen. Der aufmerksame Beobachter hätte hierbei bemerkt, daß so ein Minister die gleiche überraschende Anzahl Taschen an allen möglichen Teilen und Seiten des Körpers hat wie jeder andere ordentliche Mann; daß er Schlüssel drin hat, Bleistifte, Notizbücher, Abendzeitungen, Brieftaschen, amtliche Schriftstücke, eine Uhr, Zahnstocher, Messer, Kinokarten, Füllfeder und zahlreiche andere Dinge des täglichen

Bedarfs, und daß er, in den Taschen wühlend, murmelt: „Wo habe ich das nur hingetan. Zu dumm. Warte mal", wie es ebenso jedes andere menschliche Wesen täte, das in seinen Taschen wühlt. Doch die Ministersgattin widmete dieser Handlung keine besondere Aufmerksamkeit, sondern sagte, wie es jede andere Frau ebenso getan hätte: „Ich bitte dich, wenn du lieber essen wolltest, alles wird kalt."

„Gut", sagte der Herr Minister und beförderte den gesamten Inhalt seiner Taschen an die entsprechenden Plätze, „wahrscheinlich habe ich ihn auf dem Tisch im Arbeitszimmer liegen lassen, dort habe ich ihn gelesen. Also stell dir vor —" begann er munter und nahm ein Stück Braten, „stell dir vor, da schickt mir jemand einen Originalbrief von — einen Augenblick", sagte er unruhig und stand vom Tische auf, „ich sehe nur im Arbeitszimmer nach. Ich habe den Brief wohl auf dem Tisch liegen lassen." Und weg war er.

Als er nach zehn Minuten nicht zurückkehrte, ging ihn Frau Beate ins Arbeitszimmer suchen. Der Minister saß mitten im Zimmer auf der Erde und sah Blatt für Blatt die Akten und Briefe durch, die er vom Schreibtisch zusammengefegt hatte.

„Soll ich dir das Abendessen warmstellen lassen?" fragte Frau Beate ein wenig streng.

„Gleich, einen Augenblick", sagte der Minister zerstreut. „Ich habe ihn sicher unter die Papiere hier gesteckt. Zu dumm, wenn ich ihn nicht finde — — — Aber das ist unmöglich; er muß doch irgendwo hier sein."

„So iß doch zuerst", riet die Frau Minister, „und dann such'."

„Gleich, gleich", entgegnete der Minister gereizt, „sowie ich ihn gefunden habe. Es war so ein gelber Umschlag — zu dumm", brummte er, einen weiteren Stoß Papiere durchstöbernd. „Hier beim Tisch habe ich ihn gelesen, und ich habe mich nicht weggerührt, bis man mich zum Abendessen — Wo kann er nur hingeraten sein?"

„Ich schicke dir das Abendessen herüber", entschied die Frau und ließ den Minister auf der Erde sitzen, inmitten seiner Papiere. Dann war Stille, während draußen die Bäume rauschten und Sternschnuppen fielen. Es war fast Mitternacht, als Frau Beate zu gähnen begann und vorsichtig ins Arbeitszimmer nachsehen ging.

Der Minister, ohne Rock, zerzaust und verschwitzt, saß inmitten des durcheinandergebrachten Arbeitszimmers, überall auf dem Fußboden lagen Papierhaufen, die Möbel waren von den Wänden gerückt, der Teppich war in den Winkel geworfen, auf dem Schreibtisch stand unberührt das Abendessen.

„Um Gottes willen, Mann, was treibst du denn da?“ rief Frau Beate aus.

„Herrgott, Himmel, gib mir Ruhe“, schrie der Minister wütend. „Mußt du mich denn alle fünf Minuten stören?“ Freilich kam ihm gleich zu Bewußtsein, daß er ihr Unrecht tat und so meinte er sanfter: „Man muß es systematisch durchsuchen, verstehst du? Stück für Stück. Er muß da sein, weil niemand außer mir hier war. Wenn ich nur nicht so verdammt viel Aktenkram hätte!“

„Ich helfe dir, willst du?“ bot sich Frau Beate mitfühlend an.

„Nein, nein, du würdest mir alles durcheinanderwerfen“, wehrte sich der Minister, inmitten des unaussprechlichen Wirrwarrs mit den Händen herumfuchtelnd. „Geh nur schlafen, ich werde auch gleich — — —“

Um drei Uhr früh ging der Herr Minister schwer seufzend zu Bett. Das ist nicht möglich, sagte er sich: um fünf Uhr hat mir die Post den Brief im gelben Umschlag gebracht, ich habe ihn beim Schreibtisch gelesen, wo ich bis acht gearbeitet habe, um acht bin ich zum Abendessen gegangen und etwa fünf Minuten später lief ich ins Arbeitszimmer suchen. Während der fünf Minuten konnte doch niemand hereingekommen sein —

Da sprang der Herr Minister mit beiden Füßen zugleich aus dem Bett und stürzte ins

Arbeitszimmer. Natürlich, die Fenster standen offen; aber die Wohnung lag im ersten Stock und noch dazu auf die Straße hinaus. — Das ist doch kaum möglich, meinte der Herr Minister, daß jemand durchs Fenster hereingestiegen wäre! Aber am Morgen, nahm er sich vor, muß ich es auch nach dieser Seite hin untersuchen.

Von neuem brachte der Herr Minister seinen mächtigen Körper zu Bett. Halt, erinnerte er sich, ich habe einmal in einem Buch gelesen, daß so ein Brief am ehesten der Aufmerksamkeit entgeht, wenn er gerade vor den Augen liegt! Donnerwetter, daß mir das nicht gleich eingefallen ist! Wieder lief er ins Arbeitszimmer, um nachzusehen, was gerade vor den Augen liegt; da sah er Stöße von Papieren, herausgezogene Schubfächer, das maß- und hoffnungslose Durcheinander, das sein Suchen angerichtet — fluchend und stöhnend kehrte der Minister auf sein schlafloses Lager zurück.

Er hielt es nur bis sechs Uhr aus, um sechs brüllte er schon ins Telefon, darauf dringend, daß man den Innenminister wecke, „in einer wichtigen Angelegenheit, hören Sie, Mensch?" Als er endlich die Verbindung bekam, legte er fieberhaft los: „Hallo, Herr Kollege, ich bitte Sie, schicken Sie mir gleich, aber gleich etwa drei oder vier Ihrer fähigsten Leute...

nun ja, Detektive... die verläßlichsten, natürlich. Ein wichtiger Akt ist mir verlorengegangen... Herr Kollege, das ist ein unbegreiflicher Fall... Ja, ich warte hier auf sie... Alles in unberührtem Zustand lassen? Meinen Sie, muß das sein? Na schön — Diebstahl? Das weiß ich nicht... Natürlich, ganz vertraulich; zu niemandem auch nur ein Wort... Danke vielmals; und entschuldigen Sie, daß... Meine Hochachtung, Herr Kollege!"

Gegen acht zeigte sich, daß der fähigsten und verläßlichsten Leute sogar sieben waren; denn sieben Männer in Melonen fanden sich in der Wohnung des Herrn Ministers ein.

„Sehen Sie sich das an, meine Herren", erklärte der Minister, die sieben Männer in sein Arbeitszimmer geleitend, „hier in diesem Raume habe ich gestern einen... ehm, einen sehr wichtigen Brief liegen lassen... gelber Umschlag... Anschrift mit violetter Tinte..."

Einer der fähigsten Männer pfiff kennerisch: „Der hat hier gehaust", sagte er mit fachmännischer Bewunderung, „verdammter Schweinehund."

„Wer?" fragte der Minister verblüfft.

„Der Dieb", meinte der Detektiv, das Kunterbunt im Arbeitszimmer kritisch betrachtend.

Der Herr Minister errötete leicht. „Nämlich", sagte er rasch, „das habe ich hier ein wenig durcheinandergeworfen, als ich das Ding suchte; das ist so, meine Herren: ich... eh, ich kann es nicht so ganz ausschließen, daß sich der Brief noch irgendwo hier befindet... Um mich genauer auszudrücken, er kann nirgend anders sein als in diesem Raum. Ich denke, daß... ja, ich möchte geradezu behaupten, daß man diesen Raum planmäßig durchsuchen müßte. Aber das ist bereits Ihre Sache, meine Herren, nämlich zu tun, was... in menschlicher Macht steht."

In menschlicher Macht steht mancherlei, darum schlossen sich drei der fähigsten Männer im Arbeitszimmer ein, um es planmäßig zu durchsuchen, zwei verhörten die Dienstmagd, die Köchin, den Hausbesorger und den Chauffeur, die letzten zwei gingen, unbekannt wohin, in die Stadt, um, wie sie sagten, Nachforschungen einzuleiten.

Am Abend des gleichen Tages erklärten die ersten drei der Fähigsten, es sei vollkommen ausgeschlossen, daß sich der verlorene Brief im Arbeitszimmer des Herrn Ministers befinde; sie hätten selbst die Bilder aus den Rahmen genommen, die Möbel zerlegt und jedes Stück Papier numeriert. Die beiden andern hatten festgestellt, daß nur das Dienstmädchen in das Arbeitszimmer des Ministers gekommen sei, als sie auf Anordnung Frau Beates das Abendessen brachte, während der

Herr Minister unter seinen Papieren auf der Erde gesessen habe; da es jedoch nicht ausgeschlossen sei, daß sie dabei irgendeinen Brief hätte fortschaffen können, wurden Untersuchungen angestellt, wer ihr Geliebter ist. — Es war ein Angestellter der Telefonzentrale, er wurde nun von einem Mann unauffällig beobachtet. Die letzten zwei forschten irgendwo im Unbekannten.

Diese Nacht vermochte der Minister nicht und nicht einzuschlafen; unaufhörlich wiederholte er sich: um fünf Uhr ist der Brief im gelben Umschlag eingetroffen, ich habe ihn beim Schreibtisch gelesen und mich bis zum Abendessen nicht weggerührt, ergo mußte der Brief dortgeblieben sein — und er ist nicht dort. Es stimmte ihn traurig und bange, dieses widerwärtige und im ganzen unmögliche Rätsel; so nahm er ein Schlafpulver und schlief bis zum Morgen wie ein Klotz.

Am Morgen bemerkte er, wie sich um sein Haus — unbekannt warum — einer der Fähigsten herumtrieb; die andern hatten wahrscheinlich die Nachforschungen in der ganzen Republik aufgenommen.

„Die Sache ist im Gange", telefonierte ihm der Innenminister, „ich hoffe, daß ich bald Meldung bekomme. Nach all dem zu schließen, was Sie mir über den Inhalt des Briefes verraten haben, Herr Kollege, vermögen wir zu sagen, wer daran Interesse hat... Wenn wir Haussuchung in einem bestimmten Sekretariat oder in einer Redaktion durchführen könnten, wüßten wir mehr; aber ich sage Ihnen nur so viel, die Sache ist im Gange."

Der Minister dankte schwach, er war sehr verstimmt und verschlafen. Tatsächlich brummte er auch abends nur etwas halblaut vor sich hin und ging zu Bett.

Gegen eins — es war eine mondhelle Nacht — hörte Frau Beate Schritte in der Bibliothek. Sie wappnete sich mit dem gesamten Mut einer hervorragenden Frau und schlich auf den Zehenspitzen zur Bibliothek. Die Tür stand angelweit offen, ein Bücherschrank war geöffnet und davor stand der Herr Minister im Nachthemd und blätterte leise brummend und ernst in einem Band.

„Um Himmels willen, Mann", stöhnte Frau Beate, „was tust du hier?"

„Aber ich will nur etwas nachsehen", sagte der Minister unbestimmt.

„Im Dunkeln?" wunderte sich Frau Beate.

„Ich sehe", behauptete der Minister und stellte den Band an seinen Platz zurück. „Gute Nacht", sagte er gedämpft und ging langsam in sein Schlafzimmer.

Frau Beate schüttelte den Kopf. Der Arme, dachte sie, kann wegen des unglückseligen Briefes nicht schlafen.

Am Morgen darauf sah der Herr Minister rosig und fast zufrieden aus.

„Ich bitte dich“, fragte die Frau, „was hast du bei Nacht in der Bibliothek gesucht?“

Der Minister legte den Löffel hin und machte große Augen: „Ich? Was fällt dir ein, ich war doch gar nicht in der Bibliothek. Ich habe wie ein Murmeltier geschlafen.“

„Aber Ladislaus, ich habe doch mit dir geredet! Du hast in einem Buch geblättert und gesagt, du wolltest etwas nachsehen!“

„Unsinn“, sagte der Herr Minister etwas mißtrauisch. „Vielleicht hat dir etwas geträumt. Ich bin die ganze Nacht nicht ein einziges Mal aufgewacht.“

„Du bist beim mittleren Schrank gestanden“, beteuerte die Frau, „und hast nicht einmal Licht gemacht. Hast im Dunkeln in dem Buch geblättert und mir noch gesagt ‚Ich sehe‘.“

Der Minister griff sich an den Kopf. „Frau“, preßte er hervor, „bin ich mondsüchtig? Aber geh“, beruhigte er sich, „das hat dir geträumt. Ich bin doch kein Nachtwandler —“

„Es war ein Uhr“, beharrte Frau Beate auf ihrer Behauptung und fügte etwas gereizt hinzu: „Willst du etwa sagen, daß ich verrückt bin?“

Der Minister rührte nachdenklich mit dem

Löffel seinen Tee. Plötzlich sagte er: „Bitte, zeige mir, wo es war."

Frau Beate führte ihn in die Bibliothek: „Hier bei dem Schrank bist du gestanden und hast einen Band in dieses Fach geschoben."

Der Minister schüttelte verlegen den Kopf; in dem Fach stand die vollständige und achtunggebietende Reihe „Sammlung der Gesetze und Verordnungen". „Da bleibt mir der Verstand stehen", brummte er, kratzte sich am Hinterkopf und zog einen Band heraus, der mit dem Kopf nach unten eingereiht war. Der Band öffnete sich ihm in der Hand: der gelbe Umschlag mit der violett geschriebenen Adresse lag darin.

„Siehst du, Beate", wunderte sich der Herr Minister, „ich hätte geschworen, keinen Schritt aus dem Arbeitszimmer getan zu haben, und erst jetzt entsinne ich mich irgendwie unklar, daß ich mir, nachdem ich den Brief gelesen hatte, gesagt habe: Ich muß mal ein Gesetz aus dem Jahre dreiundzwanzig nachsehen. Dann habe ich das Buch wohl zum Schreibtisch getragen, um mir eine Anmerkung zu machen; da sich aber der Band immer wieder schloß, habe ich wahrscheinlich den Brief hineingelegt — später das Buch zugeklappt und es mechanisch wieder an seinen Platz gestellt. Aber daß ich unbewußt, im Traum, in das Buch nachsehen gegangen bin, das ist, hm, weißt du was, sage niemandem was davon. Die Leute würden sonst denken — es macht keinen besonderen Eindruck, diese rätselhaften psychologischen Erscheinungen."

Eine Weile später telefonierte der Herr Minister schallend dem Innenminister: „Hallo, Herr Kollege, also der verlorene Brief — aber woher, sie sind nicht auf der Spur, ich halte ihn bereits in der Hand! ... Wie er sich gefunden hat? Das verrate ich Ihnen nicht, Herr Kollege! Es gibt eben Methoden, die dem Innenministerium noch unbekannt sind. — Aber ich weiß, Ihre Leute haben getan, was sie konnten, sie können nicht dafür, daß sie nicht auf der Höhe sind... Nein, sprechen wir lieber nicht davon... Bitte, bitte... Servus, Herr Kollege!"

DER GESTOHLENE AKT 139/VII, ABT. C.

Um drei Uhr morgens schrillte das Telefon beim Platzkommando: „Hier Oberst Hampl vom Generalstab. Schicken Sie mir sofort zwei Mann von der Militärpolizei und verständigen Sie Oberstleutnant Vrzal — natürlich den von der Nachrichtenabteilung, Mensch, das geht Sie gar nichts an, er soll sofort zu mir kommen. Ja, jetzt in der Nacht. Ja, er soll ein Auto nehmen. Aber rasch, Herrgott!" Und Schluß.

In einer Stunde war Oberstleutnant Vrzal zur Stelle; es war Gott weiß wo im Villenviertel. Ein älterer und furchtbar bekümmerter Herr in Zivil, das heißt nur in Hemd und Hose, begrüßte ihn. „Oberstleutnant, mir ist eine verflixte Sache passiert. Nimm Platz, Kamerad. Eine verdammte, elende, saublöde, dreckige Geschichte. Luderzeug erbärmliches. Also stell dir vor: vorgestern gibt mir der Generalstabschef einen Akt und sagt: Hampl, bearbeite das daheim, je weniger Leute davon wissen, um so besser — in der Kanzlei kein Wort davon; also marsch, du hast Urlaub, und setz dich zu Hause hin, aber aufgepaßt! Na schön."

„Was war das für ein Akt?" fragte Oberstleutnant Vrzal.

Oberst Hampl zögerte einen Augenblick. „Na", sagte er, „damit du's weißt: aus der Abteilung C."

„Aha", meinte Oberstleutnant Vrzal und begann ungemein bedenklich dreinzusehen. „Also weiter."

„Hör' zu", erzählte der zerknirschte Oberst. „Gestern habe ich den ganzen Tag daran gearbeitet, aber was soll ich, Hergottsakrament, in der Nacht damit anfangen? In ein Schubfach stecken, das geht nicht, Kassa habe ich keine, und wenn jemand wüßte, daß das Zeug bei mir ist, dann ist es aus. Mensch, ich habe es die erste Nacht in meinem Bett unter die Matratze versteckt, bis zum Morgen hatte ich es zerwühlt wie eine Wildsau."

„Das glaube ich", meinte Oberstleutnant Vrzal.

„Was willst du?" stöhnte der Oberst. „Meine Frau ist noch dicker. Also in der zweiten Nacht riet mir meine Frau: Weißt du was, wir stecken das Zeug in die Blechdose von den Makkaroni und stellen es über Nacht in die Speisekammer. Ich sperre die Kammer ab und nehme den Schlüssel zu mir, sagte meine Frau — wir haben nämlich so ein furchtbar dickes Dienstmädchen, die uns alles wegißt. Dort wird es niemand suchen, nicht? Gut, das gefiel mir."

„Hat eure Speisekammer ein Doppelfenster oder ein einfaches?" unterbrach ihn Oberstleutnant Vrzal.

„Himmelherrgott", brauste der Oberst auf, „das ist mir gar nicht eingefallen. Ein einfaches! Ich habe immerfort an den Sazawa-Fall und ähnlichen Blödsinn gedacht und dabei ganz vergessen, mir das Fenster anzusehen. Verfluchte Sache, verdammt noch einmal!"

„Also weiter", mahnte ihn der Oberstleutnant.

„Na, was soll schon weiter sein. Gegen zwei Uhr morgens hörte meine Frau, wie das Dienstmädchen unten aufquietscht. Als sie fragen geht, was los ist, schreit die Marie: ‚In der Speisekammer ist ein Dieb!' Die Frau läuft um den Schlüssel und um mich, ich renne mit der Pistole in die Speisekammer, und das verfluchte Zeug, das dreckige, das Fenster in der Kammer ist dingsda, ist aufgesprengt und die Dose mit dem Akt verschwunden. Und der Dieb ist auch weg. Das ist alles", atmete der Oberst auf.

Oberstleutnant Vrzal trommelte mit den Fingern auf der Tischplatte. „Und, Herr Oberst, hat jemand gewußt, daß du den Akt zu Hause hast?"

Der unglückliche Oberst warf die Arme aus-

einander. „Das weiß ich nicht, Kamerad, diese lumpigen Spione schnüffeln doch alles aus." Dabei erinnerte er sich an die Funktion des Oberstleutnant Vrzal und wurde verlegen. „Eigentlich sind es sehr kluge Menschen", verbesserte er sich matt. „Aber ich habe es niemandem gesagt, Ehrenwort. Andererseits", fügte er siegesbewußt hinzu, „konnte doch niemand wissen, daß ich es in die Blechdose von den Makkaroni gesteckt habe."

„Und wo hast du es in die Blechdose hineingegeben?" fragte der Oberstleutnant so nebenhin.

„Hier, beim Tisch."

„Und wo stand die Blechdose?"

„Einen Augenblick", besann sich der Oberst. „Ich bin hier gesessen und hatte die Blechdose vor mir."

Der Oberstleutnant stützte sich auf den Tisch und blickte träumerisch durchs Fenster. Im taufeuchten Morgendämmer hoben sich gegenüber die Umrisse einer grau-roten Villa ab. „Wer wohnt dort?" fragte er schmachtend.

Der Oberst schlug auf den Tisch. „Herrgott sakra, das habe ich ganz übersehen! Warte mal, dort wohnt ein Jude, ein Bankdirektor oder so was. Verfluchte Geschichte, jetzt geht mir erst ein Licht auf! Vrzal, jetzt scheinen wir auf der Spur zu sein."

„Ich möchte gern die Speisekammer sehen“, sagte der Oberstleutnant ausweichend.

„Dann komm. Da, da“, führte ihn der Oberst eifrig. „Da ist es. Auf dem ersten Regal stand die Dose. Marie“, brüllte der Oberst, „hier gibt es nichts zu schauen! Gehen Sie auf den Boden oder in den Keller!“

Der Oberstleutnant zog sich Handschuhe an und schwang sich aufs Fenster, das ziemlich hoch war. „Mit einem Stemmeisen aufgebrochen“, sagte er, das Fenster untersuchend. „Das Fensterfutter ist natürlich aus weichem Holz, Herr Oberst, das spaltet jeder kleine Junge.“

„Verflixte Sache“, wunderte sich der Oberst. „Verdammte Leute, daß sie so elende Fenster machen.“

Draußen vor dem Gartengitter standen zwei Soldaten.

„Ist das Militärpolizei?“ fragte Oberstleutnant Vrzal. „Das ist recht. Ich schau mir's noch von außen an. Herr Oberst, ich muß dir raten, bis zu einem eventuellen Befehl das Haus nicht zu verlassen.“

„Selbstverständlich“, stimmte der Oberst zu. „Und warum eigentlich?“

„Damit du zur Disposition stehst, wenn vielleicht — Die zwei Soldaten bleiben natürlich hier.“

Der Oberst schnaubte und schluckte etwas

hinunter. „Verstehe. Möchtest du nicht etwas Kaffee? Meine Frau könnte dir einen kochen."

„Jetzt ist keine Zeit dazu", sagte der Oberstleutnant trocken. „Von dem gestohlenen Akt natürlich inzwischen zu keinem Menschen ein Wort, lediglich wenn ... wenn man dich rufen sollte. Und noch etwas: dem Dienstmädchen sage, der Dieb hätte irgendwelche Konserven gestohlen, sonst nichts."

„Aber hör' mal", rief der Oberst verzweifelt, „du wirst doch den Akt finden, nicht?"

„Ich werde trachten", sagte der Oberstleutnant und schlug dienstlich die Hacken zusammen.

An diesem Morgen saß Oberst Hampl wie ein Häufchen Unglück herum. Eine Weile stellte er sich vor, wie zwei Offiziere ihn verhaften kommen; dann wieder versuchte er sich auszumalen, was wohl Oberstleutnant Vrzal unternimmt, wie er den ganzen großen und geheimen Apparat des militärischen Nachrichtendienstes in Bewegung setzt. Er stellte sich den Alarm beim Generalstab vor und stöhnte.

„Karlchen", sagte ihm seine Frau zum zwanzigsten Mal (schon längst hatte sie vorsichtshalber seinen Revolver in dem Koffer des Dienstmädchens versteckt), „möchtest du nicht etwas essen?"

„Gib mir Ruhe, zum Teufel", fuhr sie der

Oberst an. „Ich denke, der Jud von gegenüber hat es gesehen.“

Die Frau seufzte nur und ging in die Küche weinen.

Da schrillte die Klingel. Der Oberst stand auf und reckte sich, um die Offiziere, die ihn verhaften kämen, mit militärischer Strenge zu empfangen. (Wer es wohl sein wird? erwog er zerstreut.) Aber statt der Offiziere trat ein rothaariges Männchen ein, den steifen Hut in der Hand, und bleckte den Obersten mit Eichhörnchenzähnen an. „Ich bin der Pischtora, bitte, vom Polizeikommissariat.“

„Was wollen Sie?“ fauchte der Oberst und ging unauffällig aus der strammen in die legere Haltung über.

„In Ihrer Speisekammer wurde angeblich eingebrochen“, lächelte Herr Pischtora mit einer gewissen Vertraulichkeit. „Ich bin also schon da.“

„Und was geht Sie das an“, blaffte der Oberst.

„Bitte“, strahlte Herr Pischtora, „das ist unser Rayon hier. Ihr Dienstmädchen hat heute morgens beim Bäcker erzählt, daß in Ihre Speisekammer eingebrochen wurde, und da habe ich gesagt, Herr Kommissär, ich mache einen Sprung hinüber, meinen Sie nicht?“

„Das ist kaum der Rede wert“, brummte

der Oberst abweisend. „Es wurde bloß ... bloß eine Dose mit Makkaroni gestohlen. Lassen Sie das gefälligst schwimmen."

„Merkwürdig", meinte Herr Pischtora, „daß sie nicht mehr geklaut haben."

„Wirklich sehr merkwürdig", meinte der Oberst bitter. „Aber das geht Sie nichts an."

„Wahrscheinlich wurden sie gestört", strahlte Herr Pischtora in jäher Erleuchtung.

„Ich empfehle mich, mein Herr", schnitt ihm der Oberst das Wort ab.

„Bitte", sagte Herr Pischtora mit mißtrauischem Lächeln, „da müßte ich mir vorher die Speisekammer ansehen."

Der Oberst wollte aufbrausen, aber dann fügte er sich in sein Schicksal. „Also kommen Sie", sagte er müde und führte das Männchen in die Speisekammer.

Herr Pischtora blickte sich in der engen Kammer begeistert um. „Na ja", sagte er erfreut, „das Fenster mit einem Stemmeisen aufgebrochen, dann war es der Pepi oder der Anderlik."

„Wie bitte?" fragte der Oberst scharf.

„Das Ding hat der Pepi oder der Anderlik gedreht; aber der Pepi sitzt wahrscheinlich. Wäre das Fenster eingedrückt, dann könnten es Dunder, Loisl, Nowak, Hositschka oder Kliment gewesen sein. Aber das war sicherlich der Anderlik."

„Wenn Sie sich nur nicht irren“, fuhr der Oberst auf.

„Sollte für Speisekammern jemand neuer da sein?“ Herr Pischtora wurde plötzlich ernst. „Kaum. Der Mertl bricht zwar auch Fenster mit Stemmeisen auf, aber der steigt nie durch die Speisekammer ein, nie, Herr, der geht durch die Aborte in die Wohnung und klaut nur Wäsche!“ Herr Pischtora bleckte die Eichhörnchenzähne. „Na, ich schau' mir mal den Anderlik an.“

„Ich lasse ihn schön grüßen“, knurrte der Oberst. Unglaublich, meinte er, als er wieder allein seinen trüben Gedanken nachhing, wie unfähig diese Polizei ist. Wenn sie wenigstens Fingerabdrücke oder Spuren suchten — gut, da handelte es sich noch um eine fachmännische Methode; aber die Sache so dumm anzupacken! Wie könnte auch die Polizei an die internationale Spionage herankommen! Möchte nur gern wissen, was der Vrzal macht.

Der Oberst widerstand nicht der Versuchung und rief Oberstleutnant Vrzal an; nach halbstündigem Wüten erhielt er endlich die Verbindung. „Hallo“, rief er honigsüß, „hier Hampl. Ich bitte dich, wie weit ist denn — Ich weiß, daß du nichts sagen kannst, aber ich möchte nur — Ich weiß, aber wenn du mir nur freundlich sagen wolltest, ob es schon — Jesus, Maria, noch immer nichts? —

Ich weiß, es ist ein schwerer Fall, aber — Einen Augenblick noch, Vrzal, ich bitte dich. Mir ist so eingefallen, daß ich aus eigenen Mitteln, du verstehst, demjenigen zehntausend geben könnte, der den Dieb erwischt. Mehr habe ich nicht, aber du wirst begreifen, für einen solchen Dienst — Ich weiß, daß nicht, aber ich möchte rein privat — Na freilich, das ist meine Privatangelegenheit, dienstlich geht es nicht. — Oder vielleicht könnte man es unter den Zivildetektiven aufteilen, nicht? — Aber natürlich, du weißt von nichts; wenn du jedoch den Leuten so zu verstehen geben wolltest, daß Oberst Hampl bereit ist, zehntausend — Na schön, dann soll's dein Wachtmeister sagen — Ich bitte dich darum, Kamerad! — Also entschuldige. Danke!"

Dem Obersten Hampl wurde nach diesem freigebigen Entschluß etwas leichter ums Herz; es schien ihm, als habe er jetzt selbst einen gewissen Anteil an der Verfolgung dieses verdammten diebischen Spions. Er legte sich auf den Diwan, da ihn die Aufregung müde gemacht hatte, und malte sich aus, wie hundert, zweihundert, dreihundert Männer (alle waren sie rothaarig und alle bleckten sie Eichhörnchenzähnchen wie Herr Pischtora) die Züge durchsuchen, Autos, die der Grenze zurasen, anhalten, hinter Straßenhecken auf ihre Beute lauern und plötzlich hervortreten mit den Worten: „Im Namen des Gesetzes! Kommen Sie mit und halten Sie das Maul!" Dann träumte ihm, er lege an der Militärakademie die Prüfung aus Ballistik ab, er ächzte schwer und erwachte schweißbedeckt. Jemand läutete.

Oberst Hampl sprang auf und versuchte seine Gedanken zu ordnen. In der Tür erschienen die Eichhörnchenzähne des Herrn Pischtora.

„Also, ich bin schon da", sagten die Eichhörnchenzähne. „Er war es doch, bitte."

„Wer?" versuchte der Oberst zu begreifen.

„Na, der Anderlik", wunderte sich Herr Pischtora, so daß er vergaß, die Zähne zu zeigen. „Wer denn sonst? Der Pepi sitzt nämlich."

„Aber was haben Sie denn in einem fort mit dem Anderlik?"

Herr Pischtora riß die wasserhellen Augen weit auf. „Aber der hat doch die Makkaroni aus der Speisekammer geklaut", sagte er eindringlich. „Am Kommissariat haben sie ihn schon eingewickelt. Ich bin nämlich nur fragen gekommen, bitte — Der Anderlik behauptet nämlich, in der Dose wären gar keine Makkaroni gewesen, sondern nur ein Papier. Ob das auch wahr ist?"

„Mensch", schrie der Oberst atemlos, „wo haben Sie das Papier?"

„In der Tasche", bleckte Herr Pischtora

die Zähne. „Wo hab' ich's nur —", sagte er, in seinem Lüsterrock wühlend, „— aha. Gehört das Ihnen?"

Der Oberst riß ihm den wertvollen, zerknitterten Akt Nr. 139/VII, Abt. C., aus der Hand. Tränen der Erleichterung traten ihm in die Augen. „Menschenskind, goldiges, ich würde Ihnen ich weiß nicht was dafür geben. Frau", brüllte er, „komm her. Das ist Herr Kommissär — Herr Inspektor — eh —"

„Polizeiagent Pischtora", sagte das Männchen und zeigte aufs höchste erfreut sein Gebiß.

„Er hat den gestohlenen Akt gefunden", jubelte der Oberst. „Geh, Frau, bring Gläser und Kognak. Herr Pischtora, ich möchte... Sie wissen gar nicht, wie... nämlich, damit Sie wissen... Trinken Sie doch, Herr Pischtora."

„Aber das war doch nichts", grinste Pischtora. „Herrschaft, der heizt ein! Ja, und die Büchse, gnädiger Herr, ist am Kommissariat."

„Hol der Teufel die Büchse", polterte der Oberst selig. „Aber bester Herr Pischtora, wie haben Sie nur den Akt so rasch gefunden? Auf Ihr Wohl, Herr Pischtora!"

„Prosit!" sagte Herr Pischtora respektvoll. „Gott, da ist doch nichts dabei. Wenn in einer Speisekammer eingebrochen wurde, gehen wir zum Anderlik oder zum Pepi, aber der Pepi brummt gerade zwei Monate. Ist es ein Dachboden, dann haben wir den Pisecky, den krummen Tonder, den Kaner, den Winter oder den Houska."

„Aber, aber", wunderte sich der Oberst. „Hören Sie mal, und was, wenn es sich zum Beispiel um einen Spionagefall handelt? Prosit, Herr Pischtora!"

„Danke ergebenst — Spionage, die gibt's nicht bei uns. Aber Messingklinken, das ist der Vinzenz oder der Pinkus, für Kupferdraht ist's jetzt nur einer, ein gewisser Touschek, und wenn es Bierröhren sind, dann muß es Hanouschek,Buchta oder Schlesinger sein. Ja, mein Herr, wir gehen nur auf Nummer Sicher. Geldschrankknacker, die haben wir aus der ganzen Republik. Die gibt's — hup! siebenundzwanzig sind's, aber sechse von ihnen sitzen."

„Recht geschieht ihnen", erklärte der Oberst blutgierig. „Trinken Sie doch, Herr Pischtora."

„Danke ergebenst", sagte Herr Pischtora, „aber ich trinke nicht viel. Bitte, auf Ihr Wohl! Diese — hup! diese Gauner, das hat keine Intelligenz, Herr, jeder kann nur eine einzige Sache und die dreht er so lange, bis wir ihn wieder schnappen. Wie den Anderlik. Aha, meinte der, kaum daß er mich erblickt hatte, das ist der Herr Pischtora wegen der Speisekammer. Herr Pischtora, das ist doch kaum der Rede wert, war doch nur das Papier in der Büchse. Mußte doch abhauen, ehe ich richtig Fühlung genommen hatte. — Dann komm, du Affe, schnappst mindestens ein Jahr dafür."

„Ein Jahr Gefängnis?" meinte der Oberst mitleidig. „Ist das nicht etwas viel?"

„Aber es ist doch Einbruch", bleckte Herr Pischtora die Zähne. „Also ich danke ergebenst, mein Herr, ich habe noch ein Schaufenster, das wird der Kletschka oder der Rudl sein. Und wenn Sie wieder was brauchen sollten, fragen Sie nur am Kommissariat nach. Sie brauchen nur zu sagen, Herrn Pischtora."

„Ich bitte, mein Herr", sagte der Oberst, „wenn Sie vielleicht — hm — für den Dienst — Nämlich das Papier ist... eigentlich nichts Besonderes, aber... ich hätte es ungern verloren, wissen Sie? Also, wenn Sie vielleicht für ihren Dienst dies hier nehmen wollten", sagte er rasch und steckte Herrn Pischtora eine Fünfzigkronennote in die Hand.

Herr Pischtora wurde ernst vor Staunen und Rührung. „Aber ist doch nicht nötig", sagte er und steckte die Hand mit der Banknote rasch in die Tasche. „Ist doch nicht der Rede wert — Also ich danke ergebenst, mein Herr, und wenn Sie wieder mal was brauchen sollten —"

„Ich habe ihm nämlich fünfzig Kronen gegeben", sagte dann Herr Oberst Hampl wohlwollend zu seiner Frau, „zwanzig Kronen hätten für so einen Tölpel auch genügt, aber —", der Herr Oberst machte eine großmütige Geste. „Hauptsache, daß sich der verdammte Akt wiedergefunden hat."

DER MANN, DER NICHT GEFIEL

„Herr Kolda", sagte Herr Pacovsky zum Wachtmeister Kolda, „ich habe was für Sie." Herr Pacovsky war nämlich im alten Österreich Schutzmann gewesen, sogar bei der berittenen Polizei. Aber nach dem Kriege hatte er sich irgendwie nicht in die neuen Verhältnisse hineinfinden können; er trat in den Ruhestand, sah sich ein wenig die Welt an und pachtete schließlich das Gasthaus „Zur Aussicht". Das ist zwar einsam gelegen, doch heutzutage beginnen die Menschen Gefallen zu finden an Ausflügen, Aussichten, am Baden im Teich und ähnlichen Dingen. „Herr Kolda", sagte also Herr Pacovsky, „ich weiß selbst nicht recht. Ich habe da bereits seit vierzehn Tagen einen Gast, einen gewissen Roedl. Er zahlt zwar anständig, trinkt nicht und spielt nicht, aber... Wissen Sie was", meinte Herr Pacovsky unvermittelt, „kommen Sie sich ihn gelegentlich ansehen."

„Was ist denn los mit ihm?" fragte Herr Kolda.

„Das ist es ja eben", antwortete Herr Pacovsky ärgerlich, „ich weiß es nicht. Es ist nichts Besonderes an ihm — wie soll ich es Ihnen nur sagen? Der Mensch gefällt mir nicht. Naja.“

„Roedl, Roedl“, überlegte Wachtmeister Kolda. „Der Name sagt mir nichts. Was ist er?“

„Weiß ich nicht“, antwortete Pacovsky. „Er behauptet, Bankbeamter, aber ich kann nicht aus ihm herausbekommen, bei welcher Bank. Das gefällt mir nicht. Er ist zwar ein höflicher Mensch, aber — Und Post bekommt er auch keine. Ich habe den Eindruck, daß er den Leuten ausweicht. Und das gefällt mir nicht.“

„Wieso?“ fragte Wachtmeister Kolda, „daß er den Leuten ausweicht?“

„Er weicht eigentlich nicht aus“, entgegnete Herr Pacovsky unsicher, „aber... sagen Sie doch selbst, wer geht im September aufs Land? Und wenn ein Auto vor dem Gasthaus hält, dann packt er sich, wenn's drauf ankommt, auch beim Essen zusammen und geht in sein Zimmer. Also so ist das. Ich sage Ihnen, mir will der Roedl nicht gefallen.“

Herr Kolda dachte eine Weile nach. „Wissen Sie was, Herr Pacovsky“, erklärte er weise, „sagen Sie ihm vielleicht, daß Sie im Herbst den Gasthof schließen. Soll er nach Prag oder in einen andern Bezirk fahren, nicht? Warum sollen ausgerechnet wir ihn hier haben? Und die Sache ist erledigt."

Am Tage darauf, einem Sonntag, kam der junge Gendarm Hurych, Mizzi oder auch Jungfer genannt, vom Rundgang zurück; unterwegs fiel ihm ein, er könnte im Gasthaus einkehren und so steuerte er aus dem Wald geradeswegs auf den Hof des Gasthauses „Zur Aussicht" zu. Als er sich vor dem rückwärtigen Eingang befand, blieb er stehen, um seine Pfeife durchzublasen. Da hörte er plötzlich ein Hoffenster im ersten Stock klirren und hinter sich etwas auf die Erde plumpsen. Die Jungfer lief auf den Hof und packte einen Menschen am Arm, der da so mir nichts, dir nichts zum Fenster herausgesprungen war. „Herr", rief er tadelnd, „was treiben Sie da?"

Der Mann, den er am Arme hielt, war blaß und ausdruckslos. „Warum sollte ich nicht springen?" ließ er sich schwach vernehmen. „Ich wohne doch hier'"

Gendarm Jungfer überblickte kurz die Situation. „Möglich", sagte er, „aber es gefällt mir nicht, daß Sie zum Fenster herausspringen."

„Ich habe nicht gewußt, daß es verboten ist", entschuldigte sich der ausdruckslose Mann. „Fragen Sie Herrn Pacovsky, ob ich hier wohne. Ich heiße nämlich Roedl."

„Möglich“, sagte Gendarm Jungfer. „Zeigen Sie mir Ihre Papiere.“

„Papiere“, antwortete Herr Roedl unsicher. „Ich habe nämlich keine bei mir. Ich werde darum schreiben.“

„Wir werden schon selber darum schreiben“, sagte die Jungfer liebenswürdig, „kommen Sie mit, Herr Roedl.“

„Wohin?“ wehrte sich Herr Roedl, aschfahl im Gesicht. „Mit welchem Recht... mit welchem Recht wollen Sie mich festnehmen?“

„Weil Sie mir nicht gefallen, Herr Roedl“, erklärte die Jungfer. „Machen Sie keine Reden und kommen Sie.“

Auf der Gendarmeriestation saß Herr Wachtmeister Kolda in Pantoffeln, rauchte seine lange Pfeife und las das Amtsblatt. Als er die Jungfer mit Herrn Roedl erblickte, ließ er ein großes Geschrei los: „Du heiliger Bimbam, Mizzi, was treiben Sie da? Soll ich nicht einmal am Sonntag meine Ruhe haben? Warum bringen Sie mir ausgerechnet am Sonntag Leute her?“

„Herr Wachtmeister“, meldete die Jungfer, „der Mensch gefällt mir nicht. Als er mich ins Gasthaus gehen sah, sprang er durchs Fenster in den Hof und wollte in den Wald verschwinden. Und Papiere hat er auch keine. So habe ich ihn festgenommen. Es ist ein gewisser Roedl.“

„Aha", sagte Herr Kolda interessiert, „Herr Roedl. So hätten wir Sie also hier, Herr Roedl."

„Sie können mich doch nicht verhaften", meinte Herr Roedl beunruhigt.

„Das können wir allerdings nicht", pflichtete Herr Kolda bei. „Aber wir können Sie festhalten, nicht wahr. Mizzi, springen Sie ins Gasthaus, durchsuchen Sie das Zimmer des Herrn Roedl und lassen Sie seine Sachen herbringen. Setzen Sie sich, Herr Roedl."

„Ich... ich verweigere jede Aussage", stotterte Herr Roedl aufgeregt. „Ich werde mich beschweren... ich protestiere —"

„Weiß Gott, Herr Roedl", seufzte Herr Kolda, „aber Sie gefallen mir nicht! Ich werde keine langen Geschichten mit Ihnen machen. Setzen Sie sich dorthin und halten Sie die Schnauze." Worauf er nach der Zeitung griff und weiterlas.

„Schauen Sie, Herr Roedl", sagte er nach einer Weile, „man sieht es Ihnen doch an den Augen an, daß mit Ihnen irgendwas nicht in Ordnung ist. Ich würde an Ihrer Stelle alles sagen und dann haben Sie Ruhe. Aber wenn Sie nicht wollen, kann es mir auch recht sein."

Herr Roedl saß bleich und schweißbedeckt da; Herr Kolda beobachtete ihn, vor Widerwillen schnaufend, und ging dann die Pilze umwenden, die er über dem Ofen trocknete.

„Schauen Sie, Herr Roedl“, begann er nach einer Weile wieder, „wir werden Ihre Identität feststellen, und Sie werden inzwischen bei Gericht sitzen und niemand wird mit Ihnen reden. Mensch, seien Sie doch nicht ekelhaft!“

Herr Roedl verharrte in hartnäckigem Schweigen, und Herr Kolda putzte, angewidert knurrend, seine Pfeife. „Na schön“, sagte er, „bedenken Sie doch: es kann sogar einen Monat dauern, ehe wir Sie sicherstellen, aber der Monat, Herr Roedl, wird Ihnen nicht in die Strafe eingerechnet. Ist doch schade, so einen Strafmonat zu verlieren.“

„Und wenn ich gestehe“, sagte Herr Roedl zögernd, „so ...“

„So wird die Untersuchungshaft über Sie verhängt“, erklärte Herr Kolda, „und die wird Ihnen angerechnet. Machen Sie, was Sie wollen. Mir gefallen Sie nicht; ich werde froh sein, wenn man Sie zum Kreisgericht bringt. Also so steht die Sache, Herr Roedl.“

Herr Roedl seufzte, in seinen unruhigen Augen war ein leidvoller und fast gehetzter Ausdruck. „Warum“, drang es aus ihm, „warum sagt mir jeder, daß ich ihm nicht gefalle?“

„Weil Sie Angst haben“, sagte Herr Kolda rechtschaffen. „Sie verbergen etwas, Herr Roedl, und das hat niemand gern. Warum sehen Sie niemandem in die Augen? Sie haben keine Ruhe. Das ist es, das sieht ja jeder, Herr Roedl."

„Rosner", verbesserte ihn der bleiche Mensch bedrückt.

Herr Kolda sann nach. „Rosner, Rosner, warten Sie mal, welcher Rosner? Das klingt mir schon irgendwie bekannt."

„Na, Rosner Ferdinand!"

„Rosner Ferdinand", wiederholte Herr Kolda, „das sagt mir schon eher was. Rosner Ferdinand..."

„Wiener Depositenbank", half der blasse Mensch nach.

„Aha", rief Herr Kolda froh, „Veruntreuung. Ich hab's schon. Na ja, der Rosner! Menschenskind, wir haben doch schon drei Jahre einen Steckbrief gegen Sie! Also Sie sind der Rosner", wiederholte er erfreut. „Und warum haben Sie das nicht gleich gesagt? Sehen Sie, ich hätte Ihnen fast die Tür gewiesen, und Sie sind der Rosner! Mizzi", schallte es dem eintretenden Gendarmen Hurych entgegen, „das ist doch der Rosner, der Defraudant."

„Das heißt", zuckte Rosner etwas schmerzlich zusammen.

„Aber Rosner", beruhigte ihn Herr Kolda, „Sie werden sich schon daran gewöhnen. Seien Sie froh, daß es draußen ist. Um Himmels willen, Menschenskind, wo haben Sie sich die drei Jahre versteckt?"

„Versteckt", sagte Rosner bitter. „Entweder in Schlafwagen oder in den teuersten Hotels. Dort fragt einen niemand, wer und woher man ist."

„Ach jeje", meinte Herr Kolda mitfühlend, „da mußten Sie ja mächtig viel Regie damit gehabt haben, nicht?"

„Das will ich meinen", erleichterte sich Rosner. „Aber konnte ich denn in ein Wirtshaus gehen, wo die Polypen jede Weile Razzia machen? Herr, ich mußte immerfort über meine Verhältnisse leben! Nirgends war ich länger als drei Nächte, erst hier — und hier hat man mich geschnappt."

„Na ja", tröstete ihn Herr Kolda. „Aber hier ist Ihnen auch schon die Kasse knapp geworden, was, Rosner? Dann wäre es ohnehin schon zu Ende gewesen."

„Ja", stimmte Rosner zu. „Aber ich kann Ihnen sagen, länger hätte ich es nicht mehr ausgehalten. Herrgott, ich habe doch die drei Jahre über mit keinem einzigen Menschen von der Leber weg reden dürfen, erst hier! Nicht einmal sattessen habe ich mich können! Kaum hat mich jemand angesehen, machte ich, daß ich weiterkam... Jeder hat mich so angestarrt", beschwerte sich Herr Rosner, „jeder ist mir so vorgekommen, als wäre er von der Polizei. Denken Sie, sogar Herr Pacovsky."

„Machen Sie sich nichts draus", sagte Herr Kolda, „Herr Pacovsky ist nämlich wirklich bei der Polizei gewesen."

„Sehen Sie", brummte Rosner, „dann soll sich unsereiner irgendwo sicher fühlen! Warum hat mich jeder so gemustert? Sehe ich denn aus wie ein Verbrecher?"

Herr Kolda blickte ihn prüfend an. „Ich will Ihnen was sagen, Rosner: jetzt nicht mehr, jetzt sehen Sie aus wie ein ganz gewöhnlicher Mensch. Aber vordem, nein, da haben Sie mir nicht gefallen; ich weiß selbst nicht, was an Ihnen nicht gestimmt hat... Na", entschied er, „Mizzi wird Sie dem Gericht einliefern. Es ist noch nicht sechs, da wird Ihnen der heutige Tag bereits in die Haft eingerechnet. Wenn nicht Sonntag wäre, würde ich Sie selbst hinbringen, damit Sie sehen, daß — hm, daß ich nichts mehr gegen Sie habe. Daran war nur das Fremde schuld, Rosner; aber jetzt ist alles in Ordnung. Mizzi, verhaften Sie ihn!"

„Wissen Sie, Mizzi", sagte Herr Kolda an diesem Abend, „aufrichtig gesagt, mir hat der Rosner recht gut gefallen. Ein ganz netter Mensch, nicht? Ich denke, mehr als ein Jahr bekommt er nicht."

„Ich habe ein Wort für ihn eingelegt", sagte der Gendarm Jungfer errötend, „damit man ihm zwei Decken gibt. Er ist nicht gewohnt, auf der Pritsche zu schlafen..."

„Recht so", meinte Herr Kolda. „Und ich werde dem Aufseher sagen, er soll sich hie und da mit ihm unterhalten. Damit der Rosner weiß, daß er wieder unter Menschen ist."

DER DICHTER

Es war ein alltäglicher Polizeifall: um vier Uhr morgens überfuhr ein Auto in der Korngasse ein betrunkenes altes Weib und raste mit größter Geschwindigkeit davon. Und nun sollte der junge Polizeikonzipient, Dr. Mejzlik, ermitteln, welches Auto es gewesen war. So ein junger Konzipient nimmt das ernst.

„Hm", sagte Dr. Mejzlik zum Schutzmann Nr. 141, „Sie haben auf dreihundert Schritte Entfernung ein schnell fahrendes Auto gesehen und auf der Erde einen menschlichen Körper. Was haben Sie zunächst getan?"

„Zunächst bin ich zu der Überfahrenen gelaufen", meldete der Schutzmann, „um ihr erste Hilfe zu leisten."

„Zunächst hätten Sie den Wagen feststellen sollen", brummte Dr. Mejzlik, „und sich dann um die Alte kümmern. Aber möglich", fügte er hinzu, während er sich mit dem Bleistift in den Haaren kratzte, „daß ich genau so gehandelt hätte. Also die Wagennummer haben Sie nicht gesehen, und was sonst den Wagen betrifft —?"

„Ich glaube", sagte der Schutzmann Nr. 141

zögernd, „daß er irgendwie dunkel war. Möglich aber auch blau oder rot. Das ließ sich infolge des Rauches aus dem Auspuff nicht recht unterscheiden.“

„Du lieber Himmel“, klagte Dr. Mejzlik, „wie soll ich dann feststellen, welcher Wagen es gewesen ist? Soll ich allen Chauffeuren nachlaufen und fragen: ‚Bitte, haben Sie nicht ein altes Weib überfahren?‘ Na also, Mensch, was soll ich damit anfangen?“

Der Schutzmann zuckte mit den Achseln in subordinierter Ratlosigkeit. „Bitte“, sagte er, „es hat sich ein Zeuge bei mir gemeldet, doch er weiß auch nichts. Er wartet draußen, bitte.“

„Führen Sie ihn herein“, sagte Dr. Mejzlik, der Sache überdrüssig, und suchte vergebens, aus dem mageren Protokoll etwas herauszufinden. „Namen und Wohnung, bitte“, sagte er mechanisch, ohne sich den Zeugen anzusehen.

„Kralik Johann, Maschineningenieurstudent“, erklärte der Zeuge fest.

„Also Sie waren dabei, Herr, als heute morgens um vier ein unbekanntes Auto die Barbara Machatschek überfahren hat.“

„Jawohl, und ich muß sagen, daß der Chauffeur schuld ist. Bitte, Herr Kommissär, die Straße war ganz frei, wäre der Chauffeur auf der Kreuzung langsamer gefahren...“

„Wie weit standen Sie davon?“ unterbrach ihn Dr. Mejzlik.

„Ungefähr zehn Schritte. Ich habe meinen Freund aus dem Kaffeehaus heimbegleitet und als wir in die Korngasse kamen —“

„Wer ist Ihr Freund?“ unterbrach ihn Dr. Mejzlik von neuem. „Den haben wir nicht da.“

„Jaroslav Nerad, der Dichter“, sagte der Zeuge mit einem gewissen Stolz. „Doch der würde Ihnen wahrscheinlich nichts sagen können.“

„Warum nicht?“ brummte Dr. Mejzlik, sich an den Strohhalm klammernd.

„Weil er eben... ein Dichter ist. Als das Unglück geschehen war, fing er an zu weinen und lief wie ein kleines Kind davon. Wie wir also in der Korngasse waren, kam plötzlich von hinten in wahnsinniger Geschwindigkeit ein Auto angesaust —“

„Welche Nummer hatte es?“

„Das weiß ich nicht, bitte. Ich habe sie nicht beachtet. Ich bemerkte die wahnsinnige Geschwindigkeit und sagte mir gerade, daß —“

„Und was war es für ein Wagen?“ unterbrach ihn Dr. Mejzlik.

„Ein viertaktiger Explosivmotor“, sagte der Zeuge kennerisch. „In den Automarken kenne ich mich allerdings nicht aus.“

„Welche Farbe hatte er? Wer saß darin?

War es ein offener oder ein geschlossener Wagen?"

„Das weiß ich nicht", sagte der Zeuge betroffen. „Ich glaube, es war ein schwarzer Wagen; doch das habe ich nicht genauer beachtet. Als das Unglück geschah, sagte ich zu Nerad: ‚Schau, diese Lumpen überfahren einen Menschen und halten nicht einmal an'."

„Hm", meinte Dr. Mejzlik unzufrieden, „das ist zwar eine ganz angebrachte und richtige moralische Reaktion, aber mir wäre es doch lieber, Sie hätten sich um die Nummer des Wagens gekümmert. Es ist schrecklich, Herr, wie schlecht die Menschen beobachten. Sie wissen natürlich, daß der Chauffeur schuld ist, Sie urteilen natürlich richtig, daß diese Leute Lumpen sind, aber die Nummer haben Sie nicht beachtet. Urteilen kann jeder; aber sich ordentlich, sachlich um die Dinge kümmern — Ich danke Ihnen, Herr Kralik, ich werde Sie nicht weiter aufhalten."

Eine Stunde später klingelte der Schutzmann Nr. 141 bei der Hausfrau des Dichters Jaroslav Nerad. Ja, der Herr Dichter ist daheim, doch er schläft. Der Dichter riß die kleinen Augen verwundert auf und starrte durch die offene Tür den Schutzmann an; er konnte sich nicht entsinnen, was er eigentlich verbrochen hatte. Schließlich begriff er doch, warum er zur Polizei gehen sollte. „Muß das sein?“ fragte er mißtrauisch, „ich kann mich nämlich an gar nichts erinnern; ich war in der Nacht ein wenig —“

„Angeheitert“, sagte der Schutzmann voll Verständnis. „Herr, ich habe viele Dichter gekannt. So ziehen Sie sich doch an, Herr, soll ich auf Sie warten?“

Hierauf gerieten der Dichter und der Schutzmann in ein Gespräch über Nachtlokale, über das Leben im allgemeinen, über besondere Anzeichen am Himmel und viele andere Dinge, nur die Politik war beiden fremd. So gelangte der Dichter unter freundschaftlichem und belehrendem Gespräch zur Polizei.

„Sie sind Herr Nerad Jaroslav, der Dichter“, sagte Dr. Mejzlik zu ihm. „Herr Zeuge, Sie waren dabei, als ein unbekanntes Auto die Barbara Machatschek überfahren hat.“

„Jawohl“, hauchte der Dichter.

„Können Sie mir sagen, was für ein Auto das gewesen ist? Ob es offen oder geschlossen war, von welcher Farbe, wer drin saß, welche Nummer es hatte?“

Der Dichter dachte angestrengt nach. „Das weiß ich nicht“, sagte er, „ich habe es nicht beachtet.“

„Erinnern Sie sich keiner Einzelheit?“ drang Dr. Mejzlik in ihn.

„Woher denn“, sagte der Dichter aufrichtig. „Wissen Sie, ich achte überhaupt nicht auf Einzelheiten."

„Also bitte", ließ sich Dr. Mejzlik ironisch vernehmen, „was haben Sie eigentlich beobachtet?"

„Die ganze Stimmung", sagte der Dichter zögernd. „Die menschenleere Straße, wissen Sie... so eine lange Straße... im Morgendämmer... und wie die Frau dort liegen blieb —"

Plötzlich sprang er auf. „Aber ich habe doch etwas darüber geschrieben, als ich heimkam." Er wühlte in allen Taschen und zog eine Menge Briefumschläge, Rechnungen und ähnliches Zeug heraus. „Nein, das ist es nicht...", brummte er, „das auch nicht — Warten Sie, vielleicht ist es das", meinte er, in die Betrachtung der Rückseite eines Briefumschlages versunken.

„Zeigen Sie mir das", sagte Dr. Mejzlik nachsichtig.

„Das ist nichts", sagte der Dichter. „Doch wenn Sie wollen, lese ich es Ihnen vor." Hierauf riß er die Augen begeistert auf und, die langen Silben singend in die Länge ziehend, rezitierte er:

„Marsch dunkler häuser eins zwei halt
stehen
Mondenlicht auf mandolinen spielt

Warum denn mädchen errötest du
Wir fahren mit dem wagen 120 HP ans
ende der welt
Oder nach singapore
Halt halt der wagen rast
Im staub unsre große liebe liegt
Gebrochne mädchenblüte
Schwanenhals brüste trommeln und tschi-
nellen
Warum ja warum weine ich nur“

„Das ist alles“, verkündete Jaroslav Nerad.

„Sagen Sie, bitte“, fragte Dr. Mejzlik, „was soll das bedeuten?“

„Na, das ist doch das Unglück mit dem Auto“, wunderte sich der Dichter. „Verstehen Sie es denn nicht?“

„Ich glaube, nein“, meinte Dr. Mejzlik kritisch. „Ich vermag darin nicht zu erkennen, daß am 15. Juli um vier Uhr morgens in der Korngasse das Auto Nummer so und so die sechzigjährige betrunkene Bettlerin Barbara Machatschek überfahren hat. Die Verletzte wurde ins Allgemeine Krankenhaus geschafft und ringt dort mit dem Tode. Über diese Fakta äußern Sie sich in Ihrem Gedicht, soviel ich entnehmen konnte, mit keinem Wort.“

„Das ist bloß die rohe Tatsache, Herr“, entgegnete der Dichter, sich die Nase reibend. „Ein Gedicht aber ist die innere Wirklichkeit.

Ein Gedicht, das sind freie, surreale Vorstellungen, welche die Wirklichkeit im Unterbewußtsein des Dichters hervorruft, verstanden? Seine Blick- und Gehörsassoziationen. Und denen soll sich der Leser hingeben", erklärte Jaroslav Nerad tadelnd. „Dann versteht er es."

„Ich bitte Sie", fuhr Dr. Mejzlik auf. „Oder warten Sie, leihen Sie mir doch Ihr Opus. Danke. Da hätten wir also: Marsch dunkler häuser eins zwei halt stehen. Erklären Sie mir also, bitte —"

„Das ist doch die Korngasse", sagte der Dichter ruhig. „Zwei solche Häuserreihen, wissen Sie."

„Und warum nicht die Nationalstraße?" fragte Dr. Mejzlik skeptisch.

„Weil die nicht so gerade ist", lautete die überzeugende Antwort.

„Also weiter: ‚Mondlicht auf mandolinen spielt' — Na, lassen wir's gelten. ‚Warum denn mädchen errötest du' — Sagen Sie, bitte, wo kommt da das Mädchen her?"

„Die Morgenröte", antwortete der Dichter lakonisch.

„Aha, entschuldigen Sie: ‚Wir fahren mit dem wagen 120 HP ans ende der welt' — Nun?"

„Da kam wahrscheinlich der Wagen", erläuterte der Dichter.

„Und der hatte 120 HP?"

„Das weiß ich nicht. Das bedeutet, daß er schnell fuhr, als wollte er ans Ende der Welt fliegen."

„Ach so. Oder nach Singapore? Um Gottes willen, warum denn gerade nach Singapore?"

Der Dichter zuckte mit den Achseln: „Das weiß ich nicht mehr. Vielleicht weil es dort Malaien gibt."

„Und in welcher Beziehung steht das Auto zu den Malaien, he?"

Der Dichter rückte bedrückt hin und her: „Vielleicht war der Wagen braun, meinen Sie nicht", sagte er vertieft. „Etwas Braunes war bestimmt dabei. Warum käme denn sonst Singapore darin vor?"

„Sehen Sie", sagte Dr. Mejzlik, „der Wagen war schon rot, blau und schwarz. Was soll ich mir da aussuchen?"

„Suchen Sie sich braun aus", riet der Dichter, „das ist eine angenehme Farbe."

„Im staub unsre große liebe liegt gebrochne mädchenblüte — Das ist die betrunkene Bettlerin?"

„Ich werde doch nicht über eine betrunkene Bettlerin schreiben", sagte der Dichter gekränkt. „Es war einfach ein Weib, verstehen Sie?"

„Aha. Und was ist das: Schwanenhals

brüste trommeln und tschinellen — Sind das freie Assoziationen?"

„Zeigen Sie", sagte der Dichter verblüfft und neigte sich über das Papier: „Schwanenhals brüste trommeln und tschinellen — was soll das sein?"

„Das frage ich Sie ja gerade", knurrte Dr. Mejzlik fast beleidigend.

„Warten Sie", überlegte der Dichter, „irgendwas mußte da gewesen sein, was mich an — Hören Sie, kommt Ihnen die Zwei nicht manchmal wie ein Schwanenhals vor? Sehen Sie", und er schrieb mit Bleistift eine Zwei auf.

„Aha", sagte Dr. Mejzlik aufmerksam, „und die Brüste?"

„Das ist doch ein Dreier, zwei Bogen, nicht?" meinte der Dichter zögernd.

„Dann haben Sie noch Trommeln und Tschinellen da", brachte der Polizeibeamte gespannt vor.

„Trommeln und Tschinellen... das könnte vielleicht eine Fünf sein, nicht? Sehen Sie doch", sagte er und schrieb die Zahl fünf auf. „Das Bäuchlein ist wie eine Trommel und darauf die Tschinellen —"

„Warten Sie", sagte Dr. Mejzlik und vermerkte sich auf einem Papier 235. „Sind Sie sicher, daß das Auto die Nummer 235 hatte?"

„Ich habe mich um keine Nummer geküm-

mert“, erklärte Jaroslav Nerad entschieden. „Aber irgend so was mußte da gewesen sein. Wie käme es denn sonst her?“ wunderte er sich, über sein Gedicht nachsinnend. „Aber wissen Sie, diese Stelle ist das Beste im ganzen Gedicht.“

Zwei Tage später besuchte Dr. Mejzlik den Dichter; diesmal schlief der Dichter nicht, sondern hatte ein Mädchen bei sich und suchte vergebens nach einem leeren Stuhl, um ihn dem Polizeibeamten anzubieten.

„Ich laufe gleich wieder“, sagte Dr. Mejzlik. „Ich komme Ihnen nur sagen, daß es tatsächlich der Wagen Nummer 235 gewesen ist.“

„Was für ein Wagen?“ staunte der Dichter.

„Schwanenhals brüste trommeln und tschinellen“, stieß Dr. Mejzlik in einem Atemzug heraus. „Und Singapore auch.“

„Aha, ich weiß schon“, sagte der Poet. „Na sehen Sie, da haben Sie die innere Wirklichkeit. Soll ich Ihnen ein paar andere Gedichte vorlesen? Jetzt werden Sie ja schon begreifen.“

„Ein andermal“, sagte der Polizeibeamte rasch. „Wenn ich wieder einmal so einen Fall habe.“

DAS GLÜCK DES HERRN JANIK

Dieser Herr Janik ist weder Dr. Janik aus dem Ministerium, noch jener Janik, der den Grundbesitzer Jirsa erschossen hat, noch der Börsenmakler Janik, von dem man sich erzählt, daß er im Billard eine Serie von dreihundertsechsundzwanzig zustande gebracht hat, sondern Herr Janik, Chef der Firma Janik und Holetschek, Papier und Zellulose en gros; er ist ein anständiger und etwas kleiner Herr, der früher einmal das Fräulein Sever verehrt und dann aus Verzweiflung nie mehr geheiratet hat; kurz, der sogenannte Herr Papier-Janik, damit es keinen Irrtum gibt.

Also dieser Herr Janik kam durch reinen Zufall zu diesen Dingen, und zwar irgendwo an der Sazawa, wo er zur Sommerfrische zu weilen pflegte, das war damals, als man die Leiche der Rosa Regner suchte; ihr Bräutigam Heinrich Baschta hatte sie ermordet, die Tote mit Petroleum begossen, verbrannt und im Walde vergraben. Baschta war zwar überführt worden, die Rosa umgebracht zu haben, doch ihr Körper oder die Knochen waren nirgends aufzufinden; neun Tage bereits durchstreiften die Gendarmen die Wälder, von Baschta geführt, der ihnen zeigte, da oder dort sei es gewesen; sie scharrten und gruben, fanden jedoch nichts. Der gehetzte Baschta lenkte sie offensichtlich von der richtigen Spur ab oder suchte Zeit zu gewinnen. Er war ein junger Bursche aus angesehener und vermögender Familie, dieser Heinrich Baschta, aber wahrscheinlich hatte ihm der Doktor mit der Zange irgendwie den Kopf gequetscht, ehe er zur Welt gekommen war; kurz, irgendwas war nicht in Ordnung bei ihm, ein verkommener und merkwürdiger Mensch war er. Neun Tage also führte er die Gendarmen durch die Wälder, bleich wie ein Gespenst, mit vor Grauen flackernden Augen; es war peinlich, ihn anzusehen. Die Gendarmen wateten mit ihm durch Heidelbeergestrüpp und Morast, sie waren bereits wütend, ein Wunder, daß sie nicht bissen, und dachten sich: Bestie, dich kriegen wir noch so klein, daß du uns schließlich doch hinführst! Baschta, der sich vor Erschöpfung kaum mehr auf den Beinen halten konnte, kniete alle Augenblicke nieder und röchelte: „Hier, hier habe ich sie vergraben."

„Auf, Baschta", brüllten ihn die Gendarmen an, „hier war es nicht! Weiter!"

Baschta erhob sich taumelnd und stolperte ein Stück Wegs weiter, bis er vor Ermüdung wieder zusammenbrach. Das war ein Zug: vier Gendarmen, zwei Geheime, mehrere Heger und Männer mit Spaten, und das sich krampfhaft dahinschleppende menschliche Wrack: Heinrich Baschta.

Herr Janik kannte die Gendarmen vom Wirtshaus her, deshalb durfte er mit dem traurigen Zug durch den Wald gehen, ohne daß ihn jemand angefahren hätte, er habe hier nichts zu suchen. Außerdem trug er Büchsen mit Sardinen, Wurst, Kognak und ähnliche Dinge mit sich, die den Herren gelegen kamen. Am neunten Tage war es schon schlimm, so schlimm, daß sich Herr Janik entschied: ich gehe nicht mehr mit. Die Gendarmen bellten förmlich vor wütender Gereiztheit, die Heger erklärten, sie hätten bereits genug davon und andere Dinge zu tun, die Männer mit den Spaten brummten, daß für diese Rackerei 20 Kronen täglich zu wenig seien, und auf der Erde zitterte krampfhaft der zusammengesunkene Heinrich Baschta, ohne auf das Schreien und Drängen der Gendarmen zu antworten. In diesem ratlosen und wüsten Augenblick tat Herr Janik etwas, was irgendwie nicht im Programm vorgesehen war: er kniete zu Baschta nieder, steckte ihm eine Schinkensemmel in die Hand und sagte mitleidig: „Schauen Sie doch mal zu, Herr Baschta — wo also war's, Herr Baschta, hören

Sie?“ Baschta heulte auf und brach in Weinen aus. „Ich finde es... ich finde es, Herr“, schluchzte er und versuchte aufzustehen; da war auch schon einer der Geheimen bei ihm und hob ihn fast zart auf: „Stützen Sie sich nur, Herr Baschta“, redete er ihm zu, „Herr Janik nimmt Sie von der andern Seite, so. Na also, Herr Baschta, jetzt zeigen Sie Herrn Janik, wo es war, ja?“

Eine Stunde später stand Heinrich Baschta, eine Zigarette rauchend, vor einer seichten Grube, aus der ein Schenkelknochen herausragte.

„Das ist der Körper der Rosa Regner?“ fragte der Wachtmeister Trnka gepreßt.

„Ja“, antwortete Heinrich Baschta ruhig, klopfte mit dem Finger die Asche der Zigarette in die offene Grube: „Wünschen die Herren noch was?“

„Alles was wahr ist, Herr“, sagte abends im Gasthaus Wachtmeister Trnka zu Herrn Janik, „aber Sie sind ein Psycholog, das muß man Ihnen lassen. Auf Ihr Wohl, Herr Janik! Der Kerl ist weich geworden, als Sie ihn mit ‚Herr Baschta‘ angeredet haben. Der hat auf seine Ehre gehalten, der Lump der! Und wir, wir haben uns mit ihm herumgeplagt. Sagen Sie, wie haben Sie erkannt, daß Höflichkeit so auf ihn wirken wird?“

„Das“, sagte der Held des Tages, bescheiden errötend, „das war nur so, wissen Sie? Ich... ich sage nämlich einem jeden ‚Herr'. Mir tat er eigentlich leid, dieser Herr Baschta, und da wollte ich ihm die Semmel geben —"

„Instinkt", erklärte Wachtmeister Trnka, „das nenne ich Nase und Psychologie. Auf Ihr Wohl, Herr Janik. Um Sie ist es schade, Sie sollten zu uns kommen —"

Einige Zeit darauf fuhr Herr Janik mit dem Nachtzug nach Bratislava, dort sollte die Generalversammlung einer slowakischen Papierfabrik abgehalten werden; und da Herr Janik tüchtig engagiert war, wollte er anwesend sein. „Vor Bratislava müssen Sie mich wecken", sagte er zum Schaffner, „damit ich nicht bis an die Grenze mitfahre." Worauf er in W. L. ins Bett kroch, froh, allein im Abteil zu sein, sich hübsch wie eine Leiche ausstreckte, eine Weile über allerlei Geschäfte nachdachte und schließlich einschlief. Er wußte nicht einmal, wo es war, als der Schaffner einem Herrn das Abteil aufschloß, der sich auszuziehen begann und in das obere Lager kletterte. Herr Janik sah im Halbschlaf noch ein Paar Hosen und herabbaumelnde, ungewöhnlich behaarte Beine, vernahm das Ächzen eines Menschen, der sich in die Bettdecke vergräbt, dann knackte der Schalter und wieder herrschte ratternde Finsternis. Herr Janik träumte von dem und jenem, am meisten verfolgten ihn irgendwelche borstigen Beine, und dann erwachte er davon, da es lange still war und er draußen jemanden rufen hörte: „Auf Wiedersehen in Sillein!“ Er sprang vom Lager auf und blickte durchs Fenster, sah, daß es draußen dämmerte, daß der Zug bereits im Bratislavaer Bahnhof stand und der Schaffner vergessen hatte, ihn zu wecken. Vor lauter Schreck vergaß er ganz zu schimpfen, zog in fieberhafter Eile die Hose und die übrigen Kleider über den Schlafanzug, stopfte sich seine Siebensachen in die Tasche und sprang auf den Bahnsteig im gleichen Augenblick, als der Bahnbeamte bereits die Hand zur Abfahrt des Zuges hob.

„Uff“, spuckte Herr Janik aus, drohte dem abfahrenden Zug mit der Faust und ging auf die Toilette, sich fertig anzukleiden. Als er schließlich den Inhalt seiner Taschen in Ordnung brachte, erstarrte er vor Schreck: in der Brusttasche hatte er statt einer Brieftasche zwei. In der dickeren von beiden, die nicht ihm gehörte, staken sechzig neue tschechoslowakische Fünhundertkronenscheine. Es war anscheinend die Brieftasche seines nächtlichen Mitreisenden, doch wie sie in seine Tasche geraten war, das vermochte sich der verschlafene Herr Janik um keinen Preis der Welt zu erklären. Gut. Selbstverständlich suchte er zunächst jemanden von der Polizei, um ihm die fremde Tasche einzuhändigen. Die Polizei ließ Herrn Janik eine Weile Hunger leiden, und telefonierte inzwischen nach Galanta, um dort dem Reisenden von Bett Nr. 14 mitzuteilen, daß seine Geldtasche in Bratislava auf der Polizei erliege. Hierauf mußte Herr Janik seine Personalien angeben und ging frühstücken. Dann suchte ihn jemand von der Polizei und fragte ihn, ob es sich nicht um einen Irrtum handle; der Herr von Bett Nr. 14 erklärte nämlich, keine Brieftasche zu vermissen. Herr Janik mußte abermals zur Polizei gehen und zum zweitenmal erklären, wie er zu der Tasche gekommen war. Indes trugen zwei Herren in Zivil die Banknoten irgendwohin. Herr Janik mußte eine halbe Stunde zwischen zwei Detektiven warten, worauf man ihn zu irgendeinem großen Herrn von der Polizei führte.

„Herr", sagte dieser, „wir telegrafieren soeben nach Parkán-Nána, damit der Reisende von Schlafstelle Nr. 14 angehalten werde. Können Sie uns eine genaue Beschreibung geben?"

Herr Janik wußte nicht viel mehr zu sagen, als daß der Reisende auffallend behaarte Beine gehabt hätte. Der Herr von der Polizei war damit nicht sonderlich zufrieden. „Die Banknoten sind nämlich Fälschungen", meinte er plötzlich, „Sie müssen hierbleiben, bis wir Sie mit dem Mitreisenden konfrontiert haben."

Herr Janik verfluchte im Geiste den Schaffner, der ihn nicht rechtzeitig geweckt und so verschuldet hatte, daß in der Eile die verdammte Brieftasche in seine Tasche geraten war. In ungefähr einer Stunde traf eine Depesche aus Parkán-Nána ein, daß der Reisende von Bett Nr. 14 bereits in Neusatz ausgestiegen sei; wohin er weitergegangen oder gefahren sei, wäre bisher nicht bekannt.

„Herr Janik", sagte schließlich der hohe Herr von der Polizei, „wir werden Sie vorläufig nicht zurückhalten. Wir treten den Fall nach Prag an Inspektor Hruschka ab, der Fachmann für Fälschungen ist; doch ich mache Sie aufmerksam, es wird wahrscheinlich eine sehr ernste Sache werden. Fahren Sie so bald als möglich nach Prag zurück, man wird Sie dort rufen lassen. Ich danke Ihnen inzwischen, daß Sie die Fälschungen so glücklich entdeckt haben. Herr, das ist kein bloßer Zufall."

Kaum war Herr Janik nach Prag zurückgekehrt, rief man ihn bereits aufs Polizeipräsidium; dort empfingen ihn ein mächtiger und untersetzter Herr, den alle „Herr Präsident" nannten, und ein gelber, sehniger Mensch, Inspektor Hruschka.

„Nehmen Sie Platz, Herr Janik", sagte der

untersetzte Herr und erbrach die Siegel auf einem kleinen Päckchen, „ist das die Brieftasche, die Sie ... eh, die Sie in Ihrer Tasche auf dem Bratislavaer Bahnhof gefunden haben?"

„Jawohl, bitte", hauchte Herr Janik.

Der untersetzte Herr überzählte die neuen Banknoten.

„Sechzig Stück", sagte er, „alle weisen die Serie 27 451 auf. Die Nummer haben wir bereits aus Eger signalisiert bekommen."

Der sehnige Mann nahm eine Banknote in die Hand, schloß die Augen und rieb sie zwischen den Fingern, worauf er daran roch. „Die sind aus Graz", sagte er. „Die aus Genf sind nicht so klebrig."

„Graz", wiederholte der untersetzte Herr nachdenklich, „dort machen sie diese Dinger für Pest, nicht?"

Der sehnige Mann zwinkerte nur. „Da sollte ich nach Wien fahren", meinte er, „aber die Wiener Polizei wird uns diesen Kerl nicht ausliefern."

„Hm", brummte der untersetzte Herr, „dann versuchen Sie halt, ihn anderswie herzubekommen. Sollte das nicht gehen, so sagen Sie ihnen, daß wir ihnen dafür den Leberhardt ausliefern. Glückliche Reise, Hruschka. Und Sie, Herr", sagte er, sich an Herrn Janik wendend, „ich weiß gar nicht, wie ich Ihnen danken soll. Sie sind doch der, der das Mädel vom Heinrich Baschta gefunden hat, nicht wahr?"

Herr Janik wurde puterrot. „Das war nur ein Zufall", sagte er rasch. „Ich... tatsächlich... ich hatte eigentlich nicht die Absicht..."

„Sie haben eine glückliche Hand", sagte der untersetzte Herr anerkennend. „Herr Janik, das ist schon so eine Gabe. Der eine findet sein ganzes Leben lang nichts und der andere stolpert über den schönsten Fall. Sie sollten zu uns kommen, Herr Janik."

„Das geht nicht", wehrte sich Herr Janik, „ich... ich habe nämlich mein Geschäft... das gut geht... eine alte Firma vom Großvater her..."

„Wie Sie meinen", seufzte der mächtige Mann, „aber es ist schade um Sie... So ein verdammtes Glück hat nicht gleich jemand. Wir sehen uns noch, Herr Janik."

Einige Monate später befand sich Herr Janik mit seinem Geschäftsfreund aus Leipzig beim Abendessen. Versteht sich, so ein geschäftliches Abendessen lohnt sich schon, vor allem der Kognak war besonders gut. Kurz, Herr Janik wollte auf keinen Fall zu Fuß heimgehen, also winkte er dem Kellner und befahl: „Ein Auto!" Als er aus dem Hotel kam, sah er, daß das Auto bereits vor dem Eingang wartete; er stieg ein, schlug die Tür zu und vergaß in seiner Stimmung ganz und gar, daß er dem Chauffeur seine Adresse nicht genannt hatte. Trotzdem fuhr das Auto los und Herr Janik schlief, bequem in die Ecke gelehnt, ein.

Wie lange er fuhr, wußte er nicht; doch erwachte er dadurch, daß der Wagen hielt, der Chauffeur ihm den Schlag öffnete und sagte: „Wir sind da, Herr. Sie sollen hinaufkommen." Herr Janik wunderte sich zwar gewaltig, wo er sich eigentlich befand; da ihm aber nach dem Kognak alles einerlei war, stieg er die Treppe hinauf und öffnete eine Tür, hinter der er laut reden hörte. Es waren etwa zwanzig Leute versammelt, die sich ungeduldig nach der Tür wandten. Plötzlich trat eine merkwürdige Stille ein; einer der Herren erhob sich und ging auf Herrn Janik zu: „Was wollen Sie hier? Wer sind Sie?"

Herr Janik sah sich verwundert um, er erkannte fünf oder sechs Herren — reiche Leute, von denen behauptet wurde, daß sie irgendwelche besondere politische Interessen hätten, aber Herr Janik mischte sich nie in Politik. „Servus", sagte er freundschaftlich, „dort ist ja Herr Koubek und Herr Heller. Servus, Ferry! Kinder, ich möcht was trinken!"

„Wo kommt der Kerl her?" schrie einer der Anwesenden wütend, „gehört er denn zu uns?"

Zwei Herren drängten Herrn Janik auf den Flur hinaus. „Wie sind Sie hergekommen?“ fragte der eine von den beiden scharf. „Wer hat Sie eingeladen?“

Herr Janik wurde bei diesem wenig freundschaftlichen Ton nüchtern. „Wo bin ich denn da?“ fragte er ärgerlich. „Zum Teufel, wo hat man mich da hingebracht?“

Einer der Herren rannte die Treppe hinunter und stürzte sich auf den Chauffeur: „Sie Idiot“, brüllte er, „wo haben Sie diesen Menschen aufgeklaubt?“

„Na, vor dem Hotel“, wehrte sich der Chauffeur. „Nachmittag wurde mir gesagt, ich solle abends um zehn vor dem Hotel auf einen Herrn warten und ihn herbringen. Der Herr stieg um zehn Uhr in meinen Wagen und hat mir nichts gesagt; so bin ich hergefahren —“

„Himmel Herrgott“, schrie der Herr unten, „das ist doch jemand anderer! Mensch, da haben Sie uns was Schönes eingebrockt.“

Herr Janik setzte sich ergeben auf die Treppe. „Aha“, sagte er befriedigt. „das ist wohl irgendeine geheime Versammlung? Jetzt müßt ihr mich nur noch erwürgen und vergraben. Ein Glas Wasser!“

„Herr“, sagte einer der beiden, „Sie haben sich geirrt. Dort drin war weder ein Herr Koubek noch ein Herr Heller, verstanden? Das ist ein Irrtum. Wir lassen Sie nach Prag zurückbringen, Sie müssen dieses Mißverständnis entschuldigen."

„Nichts geschehen", entgegnete Herr Janik großmütig, „ich weiß ja, daß mich der Chauffeur unterwegs erschießt und im Wald verscharrt... Das ist schon einerlei. Ich Trottel habe vergessen, ihm meine Adresse zu geben, das habe ich davon."

„Sie sind betrunken, nicht wahr?" fragte der unbekannte Herr mit einer gewissen Erleichterung.

„Teilweise", stimmte Herr Janik zu. „Wissen Sie, ich habe mit dem Leipziger Meyer zu Abend gegessen. Janik, Papier und Zellulose en gros", stellte er sich, auf der Treppe sitzend, vor, „altes Haus, vom Großvater her."

„Gehen Sie schlafen", riet ihm der unbekannte Herr. „Wenn Sie das alles überschlafen haben, erinnern Sie sich gar nicht mehr, daß — hm, daß wir Sie gestört haben."

„Sehr richtig", meinte Herr Janik würdig. „Gehen Sie schlafen, mein Herr. Wo habe ich mein Bett?"

„Zu Hause", sagte der fremde Herr, „der Chauffeur fährt Sie heim. Erlauben Sie, ich helfe Ihnen aufstehen."

„Nicht nötig", wehrte Herr Janik ab, „ich bin nicht so besoffen wie Sie. Gehen Sie schlafen! Chauffeur, Bubenetsch!"

Das Auto fuhr zurück: und Herr Janik beobachtete, schlau zwinkernd, auf welchen Straßen man ihn hinfuhr.

Am nächsten Morgen telefonierte er sein nächtliches Abenteuer ins Polizeipräsidium. „Herr Janik“, antwortete ihm nach einer Weile eine Stimme aus dem Präsidium, „das ist sehr interessant für uns. Ich bitte Sie inständig, kommen Sie sofort her.“

Als Herr Janik eintraf, erwarteten ihn bereits vier Herren mit dem mächtigen und untersetzten an der Spitze. Herr Janik mußte von neuem erzählen, was geschehen war und wen er gesehen hatte. „Das Auto trug das Zeichen N XX 705“, fügte der untersetzte Herr hinzu. „Privatwagen. Von den sechs Personen, die Herr Janik erkannt hat, sind mir drei neu. Meine Herren, ich lasse Sie jetzt allein. Herr Janik, bitte, kommen Sie zu mir.“

Herr Janik saß wie ein Knirps in dem großen Arbeitszimmer des untersetzten Herrn, der sehr nachdenklich auf und ab ging. „Herr Janik“, sagte er endlich, „vor allem muß ich Sie bitten: niemandem auch nur ein Wort davon. Staatsrücksichten, Sie verstehen?“

Herr Janik nickte schweigend. „Du lieber Himmel“, dachte er, „in was bin ich da wieder hineingeraten?“

„Herr Janik“, sagte plötzlich der robuste Herr, „ich will Ihnen nicht schmeicheln, aber wir brauchen Sie. Sie haben ein solches Glück — Methode hin, Methode her — aber ein Detektiv, der nicht ein ganz dummes Schwein hat, taugt zu nichts. Wir brauchen Leute, die Glück haben. Verstand haben wir selber genug, aber wir möchten den glücklichen Zufall kaufen. Wissen Sie was, kommen Sie zu uns."

„Und mein Geschäft?", flüsterte Herr Janik bestürzt.

„Das wird Ihr Gesellschafter weiterführen, es wäre schade um Sie mit einer solchen Gabe. Nun?"

„Ich ... ich werde es mir noch überlegen", stotterte der unglückliche Herr Janik. „Ich komme in einer Woche wieder; doch wenn es sein muß ... und wenn ich die Fähigkeit habe ... ich weiß noch nicht, ich komme vielleicht."

„Schön", sagte der untersetzte Herr und drückte ihm kräftig die Hand. „Zweifeln Sie nicht an sich. Auf Wiedersehen."

Es war noch keine Woche vergangen, als sich Herr Janik von neuem meldete. „Da bin ich schon", jubelte er, über das ganze Gesicht strahlend.

„Entschlossen?" fragte der untersetzte Herr.

„Gott sei Dank", atmete Herr Janik auf. „Ich komme Ihnen nämlich sagen, daß es nicht geht und daß ich mich dazu nicht eigne."

„Aber, aber, und warum denn nicht?"

„Denken Sie nur", triumphierte Herr Janik, „fünf Jahre lang hat mich mein Prokurist bestohlen und ich habe es nicht gemerkt. Ich Idiot! Na, sagen Sie selbst, Herr, was wäre ich für ein Detektiv! Gott sei Dank! Fünf Jahre sitze ich mit so einem Halunken beisammen und weiß von nichts! Da sehen Sie, daß ich zu nichts tauge! Und ich hatte schon solche Angst! Du lieber Gott, bin ich froh, daß nichts daraus wird. So, und jetzt bin ich die Sache los, nicht wahr? Danke vielmals."

DER UNTERGANG
DES GESCHLECHTES WOTICKY

Eines Tages kam in die Kanzlei des Polizeibeamten Dr. Mejzlik so ein kleiner Mensch mit goldener Brille und besorgtem Gesicht. „Archivar Diwischek“, murmelte er, „Herr Doktor, ich komme um Rat zu Ihnen... als dem hervorragenden Kriminalisten; man hat mir nämlich gesagt, Sie wären... irgendwie... besonders wenn es sich um komplizierte Fälle ... Es ist nämlich ein ungewöhnlich geheimnisvoller Fall“, erklärte er nachdrücklich.

„Erzählen Sie nur, worum es sich handelt“, sagte Dr. Mejzlik und nahm Bleistift und Notizblock zur Hand.

„Man sollte nachforschen“, stieß Archivar Diwischek hervor, „wer diesen Herrn Peter Berkowec ermordet hat, wie sein Bruder Heinrich gestorben ist und was mit seiner Gattin Katharina geschehen ist.“

„Berkowec Peter“, dachte Dr. Mejzlik nach, „soviel ich weiß, haben wir hier keine Meldung über seinen Tod. Sie wollen die Anzeige erstatten?“

„Aber nein“, sagte der Herr Archivar. „Ich

wende mich nur um Rat an Sie. Es muß etwas Furchtbares geschehen sein."

„Wann war das?" half ihm Dr. Mejzlik. „Zunächst das Datum, bitte."

„Na, im Jahre 1465", sagte Herr Diwischek und sah den Polizeibeamten über die Brille hinweg tadelnd an. „Das sollten Sie wissen, mein Herr; unter der gesegneten Regierung des Königs Georg von Podiebrad."

„Aha", sagte Dr. Mejzlik und schob Bleistift und Papier beiseite. „Ja, lieber Herr", sagte er mit auffallender Liebenswürdigkeit, „für diesen Fall kommt eher Dr. Knobloch in Frage. Damit Sie es wissen, das ist nämlich der Polizeiarzt. Ich rufe ihn her, ja?"

Das Gesicht des Herrn Archivars verdüsterte sich. „Schade", sagte er, „man hat mir gerade Sie so anempfohlen. Sie müssen nämlich wissen, ich arbeite an einem historischen Werk über die Regierung König Georgs von Podiebrad, und dabei bin ich über eine gewisse Sache gestolpert, ja, gestolpert, mit der ich mir keinen Rat weiß."

Unschädlich, entschied Dr. Mejzlik. „Lieber Herr", sagte er rasch, „ich befürchte, ich werde Ihnen nicht viel nützen können. Um aufrichtig zu sein, in Geschichte bin ich recht schwach."

„Das ist ein Fehler", meinte Herr Diwischek streng, „Geschichte sollten Sie kennen. Doch wenn Ihnen auch das betreffende historische Material nicht aus erster Hand bekannt ist, so führe ich Ihnen alle festgestellten Umstände an; leider sind es nur wenige. In erster Linie ist hier der Brief des Herrn Ladislaus Pchatsch aus Oleschna an Herrn Johann Borschowsky in Tschertschan. Dieser Brief ist Ihnen natürlich bekannt."

„Nein, bitte", gestand Dr. Mejzlik mit der Zerknirschtheit eines schlechten Schülers.

„Aber Mensch", fuhr Herr Diwischek ärgerlich auf, „diesen Brief hat doch bereits vor siebzehn Jahren der Historiker Schebek in seinen Regesten veröffentlicht, das sollten Sie wissen! Nur", fügte er, seine Brille zurechtrückend, hinzu, „widmete weder Schebek, noch Pekar, noch Novotny, noch sonst wer diesem Briefe die gebührende Aufmerksamkeit. Und eben dieser Brief, den Sie eigentlich kennen sollten, brachte mich auf die Spur dieses Falles."

„Aha", meinte Dr. Mejzlik, „also weiter."

„Zunächst der Brief", sagte der Herr Archivar, „leider habe ich den Wortlaut nicht hier, aber nur eine Erwähnung betrifft unseren Fall; dort schreibt nämlich Herr Ladislaus von Pchatsch an Herrn Borschowsky, daß sein, nämlich Herrn Johanns Onkel, Herr Jeschek Skalicky von Skalice, in diesem Jahre des Herrn 1465 am Hofe in Prag nicht erwartet werde, da Seine königliche Majestät nach jenen unseligen Taten zu Wotice Welenowa, wie die Korrespondenz besagt, Herrn Jeschek höchstpersönlich aufgetragen hat, weiterhin nicht an den königlichen Hof zu kommen, für seinen Jähzorn vor Gott dem Herrn Buße zu tun und auf Gottes Gerechtigkeit zu bauen. Sie verstehen also", erklärte der Herr Archivar, „wir würden sagen, daß Seine Majestät der König Herrn Jeschek auf seinen Besitzungen und Gütern konfiniert hat. Fällt Ihnen da nicht etwas auf, Herr?"

„Vorläufig noch nicht", sagte Dr. Mejzlik, während er eine merkwürdige Spirale aufs Papier zeichnete.

„Aha", rief Herr Diwischek siegreich. „Sehen Sie, Schebek hat es auch nicht beachtet. Also sehr auffallend, mein Herr, ist der Umstand, daß Seine Majestät der König Herrn Jeschek nicht — es mag um welche unselige Taten immer gehen — vor das ordentliche weltliche Gericht zitiert, sondern ihn der Gerechtigkeit Gottes empfiehlt. Seine Majestät gibt damit offenbar zu erkennen", fuhr der Herr Archivar mit sichtlicher Ehrerbietung fort, „daß diese unseligen Taten solcherart sind, daß sie selbst der Herrscher aus der weltlichen Gerechtigkeit ausnimmt. Wenn Sie Seine Majestät kennen würden, so würden Sie sehen, daß dies ein ganz ungewöhnlicher Fall ist; König

Georg seligen Angedenkens hielt gar viel auf ordnungsgemäßes und strenges Walten der Gerechtigkeit."

„Vielleicht hatte er vor Herrn Jeschek Angst", meinte Dr. Mejzlik. „Ich bitte Sie, zu diesen Zeiten —"

Archivar Diwischek sprang empört auf. „Herr", stotterte er, „was sagen Sie da? König Georg und Angst? Und noch dazu vor einem gewöhnlichen Ritter?"

„Dann war irgendeine Protektion dabei", meinte Dr. Mejzlik. „Sie wissen doch, bei uns —"

„Protektion? Ausgeschlossen", schrie Herr Diwischek puterrot. „Unter König Ladislaus könnten Sie vielleicht von Protektion reden, aber unter König Georg, nein, Herr, da wären Sie mit Protektion an den Unrechten geraten! Der hätte Ihnen Beine gemacht!" Der Herr Archivar beruhigte sich etwas. „Keine Protektion. Da mußte offenbar etwas Besonderes an diesen unseligen Taten gewesen sein, daß Seine Majestät der König sie Gottes Gerechtigkeit überließ."

„Und was für Taten waren das?"

Der Archivar Diwischek wunderte sich. „Das sollen eben Sie mir finden", sagte er erstaunt. „Wozu sind Sie Kriminalist? Eben deshalb komme ich doch zu Ihnen!"

„Um Gottes willen", wehrte sich Dr. Mejzlik,

aber der Archivar ließ ihn nicht ausreden. „Zunächst müssen Sie die Tatsachen kennen", sagte er belehrend. „Als ich die unklare Andeutung bemerkt hatte, begann ich nach jenen unseligen Taten auf Wotice Welenowa zu forschen. Leider ist keine Eintragung darüber erhalten; dagegen fand ich in der Kirche zu Wotice Welenowa den Grabstein des Herrn Peter Berkowec, und dieser Stein, mein Herr, stammt gerade aus dem Jahre 1465. Sie müssen wissen, Herr Peter Berkowec war der Schwiegersohn des Herrn Jeschek Skalicky gewesen, er hatte nämlich dessen Tochter Katharina zur Gemahlin genommen. Da ist die Fotografie des Grabsteines — bemerken Sie nichts Besonderes?"

„Nein", sagte Dr. Mejzlik, die Fotografie des Grabsteines, auf dem ein Ritter mit über der Brust verschränkten Armen und rundherum eine Aufschrift in gotischer Fraktur ausgehauen waren, von beiden Seiten betrachtend. „Warten Sie mal, da in der Ecke ist ein Fingerabdruck."

„Der stammt vielleicht von meinem Finger", meinte der Archivar, „aber beachten Sie die Aufschrift da!"

„ANNO DOMINI MCCCCLXV", las er mühevoll. „Im Jahre des Herrn 1465. Das ist die Jahreszahl des Todes dieses Herrn, nicht?"

„Selbstverständlich, aber bemerken Sie

nichts? Einige Buchstaben sind merklich größer, schauen Sie!" Er schrieb rasch mit Bleistift: Anno DOmini MCCCCLXV. „Der Steinmetz hat die Buchstaben O, C und C absichtlich größer gemeißelt; das ist ein Kryptogramm, verstanden? Schreiben Sie sich die Buchstaben O C C auf — fällt Ihnen nichts ein?"

„OCC, OCC", brummte Dr. Mejzlik, „das könnte — aha, die Abkürzung für OCCISUS, nicht? Das heißt ermordet!"

„Jawohl", rief der Archivar feierlich. „Der Steinmetz hat damit der Nachkommenschaft angedeutet, daß der edle Herr Peter Berkowec de Wotice Welenowa meuchlings ermordet worden ist. Da haben wir's!"

„Und ermordet hat ihn sein Schwiegervater Jeschek Skalicky", erklärte Dr. Mejzlik in jäher historischer Erleuchtung.

„Unsinn", sagte Herr Diwischek wegwerfend. „Falls Herr Jeschek Herrn Berkowec ermordet hätte, würde ihn Seine Majestät vor die Kriminalkammer zitiert haben. Doch das ist nicht alles, Herr: gleich neben diesem Grabstein ist ein zweiter, unter dem Henricus Berkowec de Wotice Welenowa, der Bruder des Herrn Peter, ruht und auf diesem Stein befindet sich gleichfalls die Jahreszahl 1465, aber ohne Kryptogramm! Und Herr Heinrich hat auf diesem Grabstein ein Schwert in der Hand; der Steinmetz wollte wahrscheinlich damit andeuten, daß er im ehrlichen Kampf gestorben ist. Nun sagen Sie mir, um Himmels willen, wie hängen diese zwei Todesfälle miteinander zusammen?“

„Vielleicht ist es nur ein Zufall“, wendete Dr. Mejzlik ein, „daß dieser Heinrich im gleichen Jahr ums Leben gekommen ist —“

„Zufall“, brüllte der Archivar gereizt, „Herr, wir Historiker anerkennen keinen Zufall! Wohin kämen wir, wenn wir zuließen, daß etwas zufällig geschehen sei? Da muß irgendein ursächlicher Zusammenhang bestehen! Aber das ist noch nicht alles. Ein Jahr darauf, 1466, entschlief im Herrn Herr Jeschek Skalicky; und bitte, seine Güter Skalice und Hradek fielen als Erbgut seinem Schwestersohn, dem genannten Herrn Johann Borschowsky von Tschertschan zu. Wissen Sie, was das bedeutet? Das bedeutet, daß seine Tochter Katharina, die, wie jedes Kind weiß, im Jahre 1464 jener Herr Peter Berkowec geehelicht hatte, auch nicht mehr am Leben war! Und diese Frau Käthe, bitte, hat nirgends einen Grabstein! Erlauben Sie, bitte, ist das auch Zufall, daß uns Frau Käthe sofort nach dem Tode ihres Gemahls völlig abhanden kommt? Was? Das nennen Sie Zufall, Herr? Und warum hat sie keinen Grabstein, was? Zufall? Oder sind vielleicht gerade dies die unseligen Taten, deretwegen Seine Majestät der König Herrn Jeschek der göttlichen Gerechtigkeit empfahl?"

„Leicht möglich", meinte Dr. Mejzlik mit etwas größerem Interesse.

„Das ist ganz gewiß", erklärte Herr Diwischek in einer Weise, die jeden Zweifel ausschloß. „Und jetzt handelt es sich darum, verstehen Sie, wer wen umgebracht hat und wie dies alles zusammenhängt. Der Tod des Herrn Jeschek interessiert uns nicht, da er die ‚unseligen Taten' überlebt hat; ansonsten hätte ihm König Georg nicht aufgetragen, vor Gott dem Herrn Buße zu tun. Wir haben festzustellen, wer Herrn Peter ermordet hat, wie Herr Heinrich ums Leben gekommen ist, wo Frau Katharina hingeraten und was mit all dem Herr Jeschek Skalicky zu tun gehabt hat."

„Halt", sagte Dr. Mejzlik, „schreiben wir uns mal die Personen auf:

1. Peter Berkowec — ermordet,
2. Heinrich Berkowec — im Kampf ums Leben gekommen, nicht?
3. Käthe — spurlos verschwunden,
4. Jeschek Skalicky, der Gerechtigkeit Gottes überlassen. Stimmt das so?"

„Ja", antwortete der Archivar, aufmerksam zwinkernd, „nur sollten Sie Herr Peter Berkowec, Herr Jeschek sagen. Also weiter."

„Dabei schließen Sie aus", überlegte

Dr. Mejzlik, „daß dieser Jeschek seinen Schwiegersohn ermordet hat, da er vors Geschworenengericht gestellt worden wäre.“

„Vor das königliche Gericht zitiert worden wäre“, verbesserte der Archivar, „ansonsten ist es richtig.“

„Also warten Sie: dann bleibt uns nur Peters Bruder Heinrich. Wahrscheinlich hat der Heinrich seinen Bruder ermordet —“

„Unmöglich“, brummte der Archivar. „Hätte er seinen Bruder ermordet, würde man ihm keinen Grabstein in der Kirche errichtet haben — zumindest nicht knapp daneben.“

„Aha. Also Heinrich hat nur den Mörder seines Bruders gedungen und ist selbst in einem Kampf umgekommen, nicht?“

„Warum hätte dann Herr Jeschek vom König eine Rüge wegen seines Jähzornes erhalten?“ meinte der Archivar, unzufrieden hin und her rutschend. „Und wo ist uns Katharina hingeraten, he?“

„Das ist wahr“, brummte Dr. Mejzlik. „Hören Sie, das ist ein verzwickter Fall. Also nehmen wir an, dieser Peter hätte Katharina mit Heinrich in flagranti überrascht und sie getötet. Das erfuhr ihr Vater und ermordete im Zorne seinen Schwiegersohn —“

„Das geht auch nicht“, wandte Herr Diwischek ein. „Wenn Herr Peter die Katharina wegen eines Ehebruches getötet hätte, würde sein Vater nur beigepflichtet haben. Damals, mein Lieber, war man streng in solchen Dingen."

„Also warten Sie", überlegte Dr. Mejzlik. „Nehmen wir an, er hat sie nur so erschlagen; vielleicht hatte er Streit mit ihr —"

„Dann hätte man ihr doch einen Grabstein gesetzt", wandte der Archivar kopfschüttelnd ein. „Das geht nicht. Herr, ich zerbreche mir bereits ein Jahr darüber den Kopf und noch immer stimmt es nicht."

„Hm", sagte Dr. Mejzlik, das kleine Personenverzeichnis aufmerksam betrachtend. „Das ist eine verflixte Geschichte. Vielleicht fehlt uns noch ein Fünfter."

„Was wollen Sie mit dem Fünften?" fragte Herr Diwischek vorwurfsvoll. „Wir wissen uns doch nicht einmal mit den Vieren Rat."

„Dann muß es einer von den beiden gewesen sein, der Berkowec ermordet hat: entweder sein Schwieger oder sein Bruder — Aber verdammt", rief er plötzlich aus, „hören Sie mal, was, wenn es Katharina getan hat!"

„Du lieber Gott", stöhnte der Archivar beklommen, „daran habe ich nicht einmal zu denken gewagt! Jesus Maria, daß sie es getan hätte? Und was soll weiter mit ihr sein?"

Dr. Mejzlik bekam vor Nachdenken rote Ohren. „Einen Augenblick", sagte er, sprang auf und ging erregt auf und ab. „Aha, aha", rief er, „jetzt wird mir die Sache klar! Donnerwetter, das ist ein Fall! Ja, das stimmt überein. — Herr Jeschek hat die Hauptrolle darin! Aha, der Kreis schließt sich! Und deshalb hat Georg -- jetzt verstehe ich! Hören Sie, das war ein Schlaukopf, dieser König Georg!"

„Das will ich meinen", sagte Herr Diwischek andächtig. „Das ist ein weiser Herrscher gewesen!"

„Also passen Sie auf", legte Dr. Mejzlik los und setzte sich auf sein Tintenfaß auf dem Tisch. „Die Sache konnte sich am ehesten so abgespielt haben, und ich möchte Gift darauf nehmen, daß es so gewesen ist! Vor allem muß die Hypothese, die wir aufstellen, sämtliche gegebenen Tatsachen in Rechnung ziehen; keiner, auch nicht der allergeringste Umstand darf ihr widersprechen. Zweitens muß sie alles in eine einzige zusammenhängende Handlung einordnen, je einfacher, abgeschlossener und zusammenhängender die Handlung, um so wahrscheinlicher ist es, daß die Dinge sich so ereignet haben und nicht anders. Wir nennen das Rekonstruktion der Tat, verstanden? Die Hypothese, welche alle festgestellten Fakta in die zusammenhängendste und übersichtlichste Handlungsreihe eingliedert, die gilt für uns bedingungslos, verstanden?" sagte Dr. Mejzlik, den Archivar streng anblickend. „Das ist unsere methodische Regel.“

„Ja“ sagte der Archivar gehorsam.

„Also die Fakta, die wir in Betracht ziehen müssen, sind in der wahrscheinlichen Reihenfolge:

1. Peter Berkowec hat Katharina geehelicht;
2. er ist ermordet worden;
3. Katharina verschwindet ohne Grabstein;
4. Heinrich kommt in einem Kampf um;
5. der König wirft Jeschek Skalicky seinen Jähzorn vor;
6. er zitiert ihn aber nicht vors Gericht.

Also war Jeschek irgendwie im Recht. Sind das alles gegebene Tatsachen? Sicher. Also weiter: Aus dem Vergleich dieser Fakta ergibt sich: daß weder Heinrich noch Jeschek den Peter ermordet haben, wer konnte ihn also ermordet haben? Wahrscheinlich Katharina. Diese Vermutung wird auch dadurch bestätigt, daß wir keinen Grabstein Katharinas besitzen; wahrscheinlich wurde sie wie ein Hund verscharrt. Und warum wurde sie überhaupt vor kein ordentliches Gericht gestellt? Wohl deshalb, weil sie ein jähzorniger Rächer an Ort und Stelle getötet hat. War es Heinrich? Kaum. Hätte Heinrich Katharina mit dem Tod bestraft, wäre der alte Jeschek gewiß damit einverstanden gewesen; und warum hätte ihn dann der König seines Jähzornes wegen getadelt? Daraus ergibt sich also, daß Katharina von ihrem wütenden Vater umgebracht worden ist. Nun ist die Frage, wer Heinrich im Kampf erschlagen hat. Wer hat das getan, Herr?"

„Ich weiß es nicht", stöhnte der Archivar niedergeschlagen.

„Jeschek natürlich", rief Dr. Mejzlik aus. „Wir haben doch niemand andern mehr! Erst damit schließt sich uns der ganze Fall, begreifen Sie das? Also passen Sie auf: Katharina, die Frau des Peter Berkowec, ent — hm, wie man halt so sagt, entflammte in sündiger Liebe zum jüngeren Bruder Heinrich."

„Haben Sie dafür Belege?" fragte Herr Diwischek mit ungeheuerem Interesse.

„Das ergibt sich aus der Logik der Handlung", sagte Dr. Mejzlik mit Bestimmtheit. „Hören Sie, entweder handelt es sich um Geld oder um ein Frauenzimmer, wir kennen das. Wie weit Heinrich die Leidenschaft erwidert hat, weiß ich nicht; aber hier müssen wir das Motiv suchen, warum Katharina ihren Mann ermordet hat. Und ich sage Ihnen ins Gesicht", erklärte Dr. Mejzlik mit gewaltiger Stimme, „daß sie es getan hat!"

„Ich hab's geahnt", seufzte der Archivar düster.

„Und nun erscheint auf der Szene ihr Vater, Jeschek Skalicky, als Familienrächer. Er erschlägt seine Tochter, weil er sie nicht dem Henker übergeben will, und dann fordert er Heinrich zum Zweikampf, denn der unglückliche Jüngling ist irgendwie mitschuldig an dem Verbrechen und der Verdammung von Skalickys einziger Tochter. In diesem Zweikampf fällt Heinrich mit dem Schwert in der Hand. Freilich gibt es da noch eine zweite Möglichkeit: Heinrich schützt Katharina mit seinem eigenen Leib vor dem wütenden Vater und fällt im Zweikampf. Aber die erste Alternative ist besser. Da haben Sie die unseligen Taten. Und König Georg, der fühlt, wie wenig ein menschliches Gericht berufen ist, eine so wild gerechte Tat zu richten, überläßt ganz vernünftig diesen furchtbaren Vater, diesen jähzornigen Rächer der Gerechtigkeit Gottes. Ein anständiges Geschworenengericht würde es ebenso tun. Innerhalb eines Jahres stirbt der alte Jeschek an Leid und Verlassenheit, wahrscheinlich Herzschlag."

„Amen", sagte Archivar Diwischek die Hände faltend. „So ist es gewesen. Wie ich König Georg kenne, konnte er nicht anders handeln. Hören Sie, dieser Jeschek ist aber eine prächtige und rauhe Gestalt, nicht wahr? Nun ist der Fall vollkommen klar; man sieht ihn förmlich vor sich. Und wie das alles zusammenhängt", wunderte sich der Herr Archivar. „Herr, Sie haben unserer historischen

Wissenschaft einen wertvollen Dienst erwiesen; das wirft ein so dramatisches Licht auf die damaligen Menschen, und überhaupt —"
Herr Diwischek tat eine Handbewegung, von Dankbarkeit überwältigt. „Sobald meine Geschichte der Regierung König Georgs von Podiebrad erscheint, werde ich mir erlauben, Ihnen ein Exemplar zu schicken. Da werden Sie Augen machen, wie ich darin den Fall wissenschaftlich bearbeite."

Nach einiger Zeit erhielt Dr. Mejzlik den mächtigen Band „Geschichte der Regierung des Königs Georg von Podiebrad" mit einer innigen Widmung des Archivars Diwischek. Er las das ganze Buch von A bis Z durch, denn — gestehen wir es nur — er war sehr stolz, Anteil an dem wissenschaftlichen Werke zu haben; aber er fand nichts, erst auf Seite 471 las er in den bibliographischen Anmerkungen folgendes:

> „Schebek Jaroslav, Regesten XIV. u. XV. Jahrhundert, S. 213, Brief des Herrn Ladislaus Pchatsch aus Oleschna an Herrn Johann Borschowsky aus Tschertschan. Die interessante, wissenschaftlich bisher nicht bearbeitete Anmerkung über Jeschek Skalicky von Skalice verdient besondere Beachtung."

DER REKORD

„Herr Bezirksrichter“, meldete der Gendarm Hejda dem Bezirksrichter Tutschek, „ich habe da eine schwere Körperverletzung. Himmel, ist das eine Hitze!“

„Machen Sie sich's nur bequem“, riet ihm der Richter.

Herr Hejda stellte den Karabiner in die Ecke, warf den Helm auf die Erde, lockerte den Gurt und knöpfte sich den Rock auf. „Uff“, sagte er, „verdammter Lump! Herr Richter, so ein Fall ist mir noch nicht vorgekommen. Sehen Sie nur.“ Nach diesen Worten hob er etwas Schweres, in ein blaues Taschentuch Gewickeltes hoch, das er zuerst bei der Tür hatte liegen lassen, knüpfte das Bündel auf und packte einen Stein aus, groß wie ein Menschenkopf. „Sehen Sie sich das nur an“, wiederholte er eindringlich.

„Was soll es damit?“ fragte der Herr Richter, mit dem Bleistift in den Stein stochernd. „Das ist Kieselschiefer, nicht?“

„Ja, und ein tüchtiger Brocken“, bestätigte Herr Hejda. „Ich melde also, Herr Richter:

Lysicky Wenzel, Ziegelarbeiter, neunzehn Jahre alt, wohnhaft in der Ziegelei, haben Sie's?, stieß oder schlug mit dem beiliegenden Stein, fünf Kilogramm, 949 Gramm, den Pudil Franz, Grundbesitzer, Unter-Augezd Nr. 14, haben Sie's?, in die linke Schulter, wodurch dieser einen Gelenksbruch, eine Fraktur des Schulter- und Schlüsselbeines, eine blutende Wunde am Schultermuskel, einen Riß der Sehne und des Muskelbandes erlitt, haben Sie's?"

„Ja", sagte der Herr Richter, „und was soll daran Besonderes sein?"

„Sie werden Augen machen, Herr Richter", erklärte Herr Hejda mit Nachdruck. „Ich erzähle es Ihnen der Reihe nach. Es ist gerade drei Tage her, daß der Pudil um mich geschickt hat. Sie kennen ihn, Herr Bezirksrichter?"

„Freilich", sagte der Richter. „Wir hatten ihn einmal wegen Wuchers hier und ein andermal — hm —"

„Das war wegen Ferbel. Dieser Pudil ist es also. Er hat nämlich einen Kirschgarten bis an den Fluß, die Sazawa macht dort eine Biegung und deshalb ist sie breiter als sonst. Der Pudil also schickt am Morgen um mich, es sei ihm was zugestoßen. Ich finde ihn jammernd und schimpfend im Bett. Gestern abend, erzählt er, ist er in den Garten nach den Weichseln sehen gegangen, und dabei hat er auf einem Baum einen Jungen ertappt, wie er sich die Taschen mit Kirschen vollstopft. Sie müssen wissen, der Pudil ist ein bißchen ein Grobian; er schnallt sich also den Riemen ab, zerrt den Jungen an den Beinen vom Baum und verledert ihn tüchtig. Da ruft ihm jemand vom andern Ufer zu: ‚Pudil, laß den Jungen los!' Der Pudil sieht etwas schlecht, ich glaube, das kommt vom Trinken; er merkt nur, daß am andern Ufer jemand steht und zu ihm herüberschaut. Deshalb sagt er nur so zur Sicherheit: ‚Was geht das dich an, Lump', und verhaut den Jungen weiter. ‚Pudil', brüllt der vom andern Ufer, ‚laß den Jungen los!' Pudil denkt sich, was kann der mir schon anhaben und schreit: ‚Kannst mich — du Trottel!' Kaum hatte er das gesagt, lag er schon auf der Erde mit einem fürchterlichen Schmerz in der linken Schulter; und der am andern Ufer ruft ihm zu: ‚Ich werde dir zeigen, du Lümmel von einem Großbauern!' Ob Sie's glauben oder nicht, man hat den Pudil wegtragen müssen, nicht einmal aufstehen konnte er, und neben ihm lag dieser Stein. Noch in der Nacht fuhren sie um den Doktor; der Doktor wollte den Pudil ins Spital schaffen, weil er alle Knochen kaputtgeschlagen hatte; der linke Arm bleibt ihm angeblich lahm. Aber der Pudil will jetzt während der Ernte nicht ins Spital. Am Morgen schickt er dann um mich, ich müsse diesen räudigen Hund, diesen elendigen, diesen Ochsen, der ihm das getan hat, arretieren. Na gut.

Hören Sie, als man mir den Stein zeigte, da riß ich die Augen auf; es ist Kieselschiefer mit irgendeinem Kies, so daß er schwerer ist als er aussieht. Nehmen Sie ihn mal in die Hand; ich habe ihn nur so nach dem Handgewicht auf sechs Kilo geschätzt. Es fehlen einundfünfzig Gramm. Verdammt, mit so einem Stein muß man zu werfen verstehen. Dann bin ich in den Garten und zum Fluß nachsehen gegangen. Wo das zerwühlte Gras war, dort ist der Pudil hingestürzt, von dieser Stelle waren noch zwei Meter zum Wasser; und der Fluß, Herr, der Fluß ist dort auf den ersten Blick gut vierzehn Meter breit, weil er die Biegung macht. Herr Richter, ich habe gleich geschrien und bin gesprungen und habe gerufen: bringt rasch achtzehn Meter Bindfaden! Dann habe ich auf der Stelle, wo der Pudil hingestürzt ist, einen Pflock in die Erde getrieben, den Bindfaden daran festgebunden, habe mich ausgezogen und bin, das zweite Ende des Bindfadens im Mund, ans andere Ufer geschwommen. Und was sagen Sie nun dazu, Herr Bezirksrichter: der Bindfaden reichte ganz genau bis zum andern Ufer, und dann kommt noch ein Stück Böschung und oben ist erst der Weg. Ich habe es dreimal nachgemessen: vom Pflock bis zum Weg sind's haargenau neunzehn Meter und siebenundzwanzig Zentimeter."

„Mensch, Hejda", sagte der Richter, „das ist doch nicht gut möglich, neunzehn Meter, das ist eine Entfernung; hören Sie, ist der Kerl nicht im Wasser gestanden, so etwa in der Mitte des Flusses?"

„Ist mir auch eingefallen", entgegnete Herr Hejda, „Herr Bezirksrichter, direkt vom Ufer bis zum andern Ufer ist es über zwei Meter tief, weil dort eine Krümmung ist. Und im Damm war noch ein Loch von dem Stein; wissen Sie, man hat das andere Ufer ein wenig gepflastert, damit das Wasser es nicht wegschwemmt. Der Lump hat den Stein aus dem Damm herausgerissen, und er kann ihn nur vom Weg aus geworfen haben, denn im Wasser hätte er nicht stehen können und auf dem Damm wäre er ausgerutscht. Das heißt also, daß er neunzehn ganze und siebenundzwanzig Zehntel Meter geworfen hat. Wissen Sie, was das bedeutet?"

„Vielleicht hat er eine Schleuder gehabt?" wandte der Richter unsicher ein. Herr Hejda warf ihm einen vorwurfsvollen Blick zu. „Herr Richter, Sie haben nie mit einer Schleuder geworfen, nicht wahr? Versuchen Sie doch, einen zwölf Pfund schweren Stein aus einer Schleuder zu schießen; da müßten Sie ein

Katapult haben. Herr, ich habe mich mit dem Stein zwei Tage lang abgeplagt, habe versucht, eine Schlinge zu machen und sie zu wirbeln, Sie wissen, so wie beim Hammerwerfen; ich sage Ihnen, der rutscht Ihnen aus jeder Schlinge heraus. Das war ein reiner Kugelstoß. Und wissen Sie, was das bedeutet?" stieß er aufgeregt hervor. „Das ist der Weltrekord. So."

„Was Sie nicht sagen", staunte der Herr Richter.

„Weltrekord", wiederholte der Gendarm Hejda feierlich. „Die Kugel im wirklichen Wettkampf ist schwerer, sie wiegt sieben Kilo; und der diesjährige Rekord im Kugelstoßen ist sechzehn Meter weniger einige Zentimeter 19 Jahre, Herr, war der Rekord fünfzehn und ein halber Meter gewesen; erst dieses Jahr hat ein Amerikaner, wie heißt er denn nur, irgendwie Kuck oder Hirschfeld, fast sechzehn geworfen. Er könnte also mit einer Sechskilokugel achtzehn oder neunzehn Meter schaffen. Und wir haben da um 27 Hundertstel mehr! Herr Bezirksrichter, der Bursche könnte eine Kugel im Wettkampf gute sechzehn und ein Viertel Meter schleudern, und das ohne Training! Du lieber Himmel, sechzehn und ein Viertel Meter! Herr Richter, ich bin ein alter Werfer, in Sibirien haben die Jungens immer gerufen: du Hejda, schmeiß das hin — nämlich die Handgranate, wissen Sie? Und in Wladiwostok habe ich mit amerikanischen Matrosen Kugel gestoßen, vierzehn Meter habe ich erreicht, aber ihr Kaplan hat um vier Punkte mehr gemacht. Herrgott, was haben wir in Sibirien geworfen! Aber mit dem Stein da, Herr, habe ich bloß fünfzehn und einen halben Meter erreicht, mehr ist aus mir nicht herauszuholen. Neunzehn Meter! Donnerwetter, sagte ich, den Burschen muß ich erwischen; der macht uns den Rekord. Stellen Sie sich nur vor, den Amerikanern den Rekord vor der Nase wegschnappen!"

„Und was ist mit dem Pudil?" wendete der Richter ein.

„Hol der Teufel den Pudil!" schrie Herr Hejda. „Herr Richter, ich habe Nachforschungen nach dem unbekannten Täter des Weltrekordes eingeleitet; das ist doch im Nationalinteresse, nicht? Zunächst habe ich ihm Straflosigkeit wegen des Pudil zugesichert."

„Nana", protestierte der Richter.

„Warten Sie, ich habe ihm Straflosigkeit zugesichert, wenn er wirklich den sechs Kilo schweren Stein über die Sazawa wirft. Den Gemeindevorstehern aus der Umgebung habe ich erklärt, was für eine rühmliche Leistung das ist und daß man von ihm in der ganzen Welt schreiben würde, und dann habe ich ihnen gesagt, daß der Kerl eine Menge Geld damit verdienen könnte. Um Himmels willen, Herr Richter, von dem Augenblick an haben alle Burschen aus der ganzen Umgebung die Ernte sein lassen und sind auf den Damm gerannt, Steine ans andere Ufer werfen. Der Damm ist schon ganz auseinandergerissen; jetzt zerschlagen sie jeden Flurstein und reißen die Steinmauern nieder, damit sie was zum Werfen haben. Und die Buben, diese Bande, schmeißen im ganzen Dorf mit Steinen; was es dort nur schon an erschlagenen Hühnern gibt — Und ich stehe am Damm und passe auf; natürlich wirft keiner weiter als in die Flußmitte — Herr, das Bett dürfte mit den Steinen halb zugeschüttet sein. Gestern abend also bringen sie mir einen Burschen; das sei der, der den Pudil mit dem Stein kaputt geschlagen habe. Sie werden ihn ja sehen, den Bengel, er wartet draußen. ‚Hör mal, Lysicky', sage ich zu ihm, ‚du hast also mit dem Stein da nach dem Pudil geworfen?' ‚Ja', meint er, ‚der Pudil hat mich beschimpft und ich hab eine Wut gekriegt, und ein anderer Stein war nicht da.' — ‚So, da hast du einen andern solchen Stein', sage ich, ‚und jetzt wirf ihn auf Pudils Ufer, aber wenn du nicht bis hin wirfst, du Kujon, werde ich dir Beine machen!'

Er nahm also den Stein — Pfoten hatte er wie Schaufeln —, stellte sich auf den Damm hin und zielte; ich schau, er hat keine Technik, keinen Stil, arbeitet weder mit den Beinen noch mit dem Oberkörper, und plumps! warf er den Stein ins Wasser, ungefähr 14 Meter; wissen Sie, es ist genug, aber — Gut, ich zeige es ihm also: ‚Du Pfuscher, du mußt dich so aufstellen, die rechte Schulter nach hinten, und wenn du wirfst, mußt du dabei gleichzeitig mit der Schulter vorstoßen, verstanden?' ‚Ja', nickte er, krümmte sich wie der heilige Sebastian und plumps, warf er den Stein etwa zehn Meter weit.

Wissen Sie, da ist mir doch die Galle übergegangen. ‚Du Lump', schrie ich, ‚du willst den Pudil getroffen haben? Du lügst!' ‚Herr Wachtmeister', sagt er, ‚Gott ist mein Zeuge, daß ich ihn getroffen habe; soll sich der Pudil hinstellen, den treffe ich bestimmt wieder, den Hund, den elenden!' Ich bin also zum Pudil gelaufen: ‚Herr Pudil, ich bitte Sie, sehen Sie, es handelt sich um den Weltrekord; bitte, kommen Sie wieder auf Ihr Ufer schimpfen, der Ziegelschupfer wird noch einmal nach Ihnen werfen.' — Ob Sie's glauben oder nicht, Herr Richter, der Pudil sagte nein, er ginge nicht. Sehen Sie, diese Menschen haben halt keine höheren Interessen.

Ich gehe also wieder zu dem Wenzel, zu dem Ziegelbrenner. ‚Du Betrüger', schrei ich ihn an, ‚es ist nicht wahr, daß du den Pudil getroffen hast. Der Pudil sagt, es ist ein anderer gewesen.' ,Das ist eine Lüge', sagt der Lysicky, ,ich hab's getan.' ,Dann zeig', fahre ich ihn an, ,ob du so weit wirfst!' Der Wenzel kratzt sich nur und lacht: ,Herr Wachtmeister, so ins Leere, das kann ich nicht; aber den Pudil, den treffe ich immer, auf den hab ich's scharf.' ,Wenzel', rede ich ihm gut zu, ,wenn du bis hin wirfst, laß ich dich laufen, aber wenn nicht, so sitzt du wegen schwerer Körperverletzung, weil du den Pudil lahmgeschlagen hast, du Halunke, dafür faßt du ein halbes Jahr aus!' ,Dann sitz ich es im Winter ab', meint der Wenzel, und so hab ich ihn im Namen des Gesetzes verhaftet. — Jetzt wartet er auf dem Flur draußen, Herr Bezirksrichter, wenn Sie so aus ihm herauskriegen könnten, ob er wirklich den Stein geworfen hat oder ob er nur renommiert. Ich glaube, er bekommt es mit der Angst und widerruft; aber dann sollte man ihm, dem Lumpen, mindestens einen Monat wegen Irreführung der Behörden oder wegen Betrugs aufbrennen; im Sport darf man doch nicht lügen, darauf sollte eine ordentliche Strafe stehen, Herr. Ich führe ihn vor."

„Sie sind also der Wenzel Lysicky", sagte der Bezirksrichter, den blondhaarigen Delinquenten streng musternd. „Sie gestehen, in der Absicht, Franz Pudil einen Schaden zuzufügen, diesen Stein auf ihn geworfen und ihm dadurch eine schwere Verletzung beigebracht zu haben? Ist das wahr?"

„Bitte, Herr Richter", begann der Schuldige, „das war so: der Pudil hat einen Jungen verhauen und ich habe ihm über den Fluß zugerufen, er soll ihn loslassen, da hat er angefangen, mich zu begrobsen —"

„Haben Sie den Stein geworfen oder nicht?" fuhr ihn der Richter an.

„Ja, bitte", sagte der Schuldige zerknirscht, „aber er hat mich beschimpft und da hab ich den Stein gepackt —"

„Zum Teufel noch einmal, Mensch, warum lügen Sie?" schrie der Richter. „Wissen Sie denn nicht, daß darauf eine große Strafe steht, wenn Sie dem Gericht einen Bären aufbinden wollen? Wir wissen ganz gut, daß Sie den Stein nicht geworfen haben!"

„Ich habe ihn geworfen, bitte", stotterte der junge Ziegelarbeiter, „aber der Pudil hat mir gesagt, ich kann ihn —"

Der Richter blickte den Gendarmen Hejda fragend an, der ratlos die Achseln zuckte. „Ziehen Sie sich aus, Mensch", fuhr der Richter den zerknirschten Schuldigen an. „Na also, rasch — und die Hosen auch! Wird's?"

Nun stand der junge Riese da, wie ihn der Herrgott erschaffen hatte und zitterte; wahrscheinlich fürchtete er, daß er gefoltert werde, weil das so zur Sache gehöre.

„Sehen Sie sich den Deltoides an, Hejda", sagte der Richter Tutschik, „und diese doppelköpfige Muskel — was sagen Sie dazu?"

„Na, der ginge an", meinte Herr Hejda kennerisch. „Aber die Bauchmuskeln sind nicht genügend ausgearbeitet. Herr Richter, zum Kugelstoßen braucht man Bauchmuskeln, Sie wissen, wie sich so der Oberkörper dreht. Wenn ich Ihnen meine Bauchmuskeln zeigen würde!"

„Mensch", knurrte der Richter, „das ist doch ein Bauch, sehen Sie sich nur die Höcker an! Herrgott, ist das ein Brustkasten", sagte er, mit dem Finger in den goldenen Flaum von Wenzels Brust stechend. „Aber die Beine sind schwach; diese Landleute haben alle schlechte Beine."

„Weil sie sie nicht durchbiegen", urteilte Herr Hejda kritisch. „Das sind doch keine Beine, Herr; ein Werfer muß schon ordentliche Beine haben."

„Drehen Sie sich um", befahl der Richter dem jungen Ziegelarbeiter. „Na, und der Rücken?"

„Hier von der Schulter an geht es", meinte Herr Hejda, „aber unten, das ist nichts, der Kerl hat keinen Schwung im Rumpf. Ich denke, Herr Richter, er hat es nicht geworfen."

„Ziehen Sie sich an", wandte sich der Richter streng an den Burschen. „Passen Sie auf, zum letztenmal: haben Sie den Stein geworfen oder nicht?"

„Ja", brummte Wenzel Lysicky mit der Hartnäckigkeit eines Schafes.

„Sie Esel", brüllte der Richter, „wenn Sie den Stein geworfen haben, ist es eine schwere Körperverletzung und damit kommen Sie vors Kreisgericht und fassen ein paar Monate aus, verstanden? Lassen Sie schon die Prahlerei und gestehen Sie, daß Sie sich das mit dem Stein nur ausgedacht haben; ich gebe Ihnen nur drei Tage wegen Irreführung der Behörden und Sie können gehen. Also, haben Sie den Stein nach dem Pudil geworfen oder nicht?"

„Ja", blieb Wenzel Lysicky verstockt dabei, „er hat mich über den Fluß beschimpft —"

„Abführen", brüllte der Bezirksrichter. „Verfluchter Schwindler!"

Nach einer Weile steckte der Gendarm Hejda nochmals den Kopf zur Tür herein: „Herr Bezirksrichter", sagte er rachsüchtig, „man sollte ihm noch Beschädigung fremden Eigentums ankreiden, er hat nämlich den Stein aus dem Damm gerissen und jetzt ist der ganze Damm auseinander."

DER FALL SELVIN

„Hm, mein größter Erfolg, jener Erfolg nämlich, der mir die größte Freude bereitet hat —“, überlegte der alte Meister Leonard Unden, der große Dichter, Laureat des Nobelpreises und so weiter. „Junge Freunde, in meinem Alter gibt der Mensch nichts mehr auf Lorbeeren, Ovationen, Frauen und andere ähnliche Unsinne, gar wenn sie schon längst vorbei sind. Solange der Mensch jung ist, freut er sich an all dem, und er wäre auch ein Esel, wenn er es nicht täte; allerdings, solange man jung ist, hat man keine Zeit, sich über etwas zu freuen. Eigentlich sollte das Leben umgekehrt verlaufen; zunächst sollte man alt sein und wertvolle und verdienstreiche Arbeit leisten, weil man zu nichts anderem taugt; und erst gegen das Ende sollte man die Jugend erlangen, um die Früchte seines Lebens zu genießen. Sehen Sie mich alten Mann, er fängt auch schon an zu schwatzen. Wovon wollte ich denn nur sprechen? Ach ja, welches mein größter Erfolg gewesen ist? Nun, das war keines meiner Dramen und keines meiner Bücher — obgleich es eine Zeit gab, wo meine Bücher wirklich gelesen wurden; mein größter Erfolg war der Fall Selvin.

Sie wissen wohl kaum, worum es sich gehandelt hat, es sind ja bereits sechsundzwanzig oder nein, neunundzwanzig Jahre her. Neunundzwanzig Jahre sind es also her, als eines schönen Tages eine weißhaarige kleine Frau in schwarzem Kleide zu mir kam, und ehe ich sie in meiner damals sehr geschätzten Freundlichkeit fragen konnte, was sie denn eigentlich wünsche, kniete sie, bums, vor mir auf der Erde und begann zu weinen. Ich weiß nicht, aber ich kann keine Frau weinen sehen...

‚Herr', sagte das Mütterchen, als ich sie ein wenig beruhigt hatte, ‚Sie sind Dichter, bei Ihrer Liebe zu den Menschen beschwöre ich Sie, retten Sie meinen Sohn! Sie haben bestimmt in den Zeitungen über den Fall Selvin gelesen —'

Ich glaube, ich habe damals wie ein bärtiger Säugling ausgesehen; ich las zwar Zeitungen, doch um einen Fall Frank Selvin hatte ich mich nicht gekümmert. Soviel ich also aus dem Schluchzen und Jammern entnehmen konnte, war die Sache die: ihr einziger Sohn, der zweiundzwanzigjährige Frank, war soeben zu lebenslänglichem schweren Kerker verurteilt worden, weil er angeblich in räuberischer Absicht seine Tante Sofie ermordet hatte; in

den Augen der Geschworenen galt es als belastender Umstand, daß er die Tat nicht eingestand. ‚Er ist doch unschuldig, Herr', jammerte Frau Selvin, ‚ich schwöre Ihnen, daß er unschuldig ist. An jenem unglückseligen Abend sagte er zu mir: Mutter, ich habe Kopfschmerzen, ich gehe ein wenig vor die Stadt spazieren. Deshalb, Herr, kann er sein Alibi nicht nachweisen. Wer beachtet schon nachts einen jungen Burschen, auch wenn er ihm zufällig begegnet? Mein Franz war ein wenig leichtsinnig, doch Sie waren auch einmal jung, bedenken Sie doch, Herr, daß er erst zweiundzwanzig ist. Ist es denn möglich, so das Leben eines jungen Menschen zu vernichten?' und so weiter. Wenn Sie dieses gebrochene, weißhaarige Mütterchen gesehen hätten, würden Sie erkannt haben, was ich damals erkannt hatte: daß eine der furchtbarsten Qualen machtloses Mitgefühl ist. Nun, was soll ich Ihnen viel erzählen: ich schwor ihr am Ende, alles aufzubieten und nicht eher zu ruhen, ehe ich nicht Licht in die Sache gebracht hätte, und daß ich an die Unschuld ihres Sohnes glaube. Sie wollte mir dafür die Hände küssen. Als mich die Alte segnete, wäre ich fast selbst vor ihr niedergekniet. Sie wissen ja, was für ein dummes Gesicht man schneidet, wenn einem jemand dankt wie dem Herrgott.

Von dem Augenblick an habe ich also den

Fall Selvin zu meiner Sache gemacht. Zunächst studierte ich natürlich die Prozeßakten durch. Aufrichtig gesagt, einen so schlampigen Prozeß habe ich in meinem Leben nicht gesehen, es war geradezu ein Justizskandal. Der Fall war eigentlich ganz einfach: In einer Nacht hörte die Magd der genannten Tante Sofie, eine gewisse Anna Solar, geistig minderwertig, daß jemand bei dem Fräulein, nämlich bei der Tante Sofie, im Zimmer auf und ab geht. Sie ging also nachsehen, warum das Fräulein nicht schlafe, und als sie das Schlafzimmer betrat, sah sie das Fenster angelweit offen stehen und eine männliche Gestalt in den Garten springen. Da erhob die Frau ein furchtbares Geschrei, und als die Nachbarn mit Licht kamen, fanden sie Fräulein Sofie mit ihrem eigenen Handtuch erwürgt auf dem Fußboden, den Wäscheschrank, wo sie ihr Geld verwahrte, offen, und die Wäsche zum Teil herausgeworfen, das Geld war noch vorhanden — wahrscheinlich hatte in diesem Augenblick die Dienstmagd den Mörder gestört. Das also war die materia facti.

Am nächsten Tage wurde Frank Selvin verhaftet. Die Magd sagte nämlich aus, sie hätte den jungen Herrn erkannt, als er durchs Fenster sprang. Man stellte fest, daß er zu jener Stunde nicht daheim gewesen war; er sei erst eine halbe Stunde später nach Hause gekommen und sofort zu Bett gegangen. Weiter erfuhr man, daß der dumme Junge einige Schulden hatte. Dann fand sich eine Klatschbase, die wichtigtuerisch aussagte, Tante Sofie hätte ihr einige Tage vor dem Mord etwas anvertraut: der Neffe Frank wäre angeblich bei ihr gewesen mit der Bitte, sie solle ihm einige hundert Kronen leihen; als sie ablehnte — sie war nämlich schrecklich geizig —, soll Frank zu ihr gesagt haben: Tante, nehmen Sie sich in acht, es wird etwas geschehen, worüber die Welt staunen wird. Das war also alles, soweit es Frank betraf.

Und nun zum Prozeß: der dauerte alles in allem einen halben Tag. Frank Selvin behauptete einfach, er wäre unschuldig, er sei spazieren gegangen, dann geradeswegs heim und habe sich schlafen gelegt. Keiner der Zeugen wurde einem Kreuzverhör unterzogen. Franks Advokat — ex offo selbstverständlich, denn Frau Selvin hatte kein Geld für einen bessern Rechtsanwalt — war so eine alte, gute Haut und ein Idiot, der sich darauf beschränkte, auf die Jugend seines unüberlegten Klienten hinzuweisen und mit Tränen in den Augen die großmütigen Geschworenen um Nachsicht zu bitten. Auch der Staatsanwalt gab sich nicht viel Mühe: er verdonnerte die Geschworenen, daß sie gerade vor dem Prozeß

Frank Selvin zwei freisprechende Urteile gefällt hätten; wohin geriete die menschliche Gesellschaft, wenn jedes Verbrechen Schutz in dem lauen Wohlwollen und der Milde der Richter aus dem Volke fände? — Es scheint also, daß die Geschworenen dieses Argument anerkannten und zeigen wollten, daß man auf ihr Wohlwollen und ihre Milde nicht sündigen dürfe; sie sprachen einfach mit elf Stimmen Frank Selvin des Verbrechens des Mordes schuldig. So, das war der ganze Fall.

Glauben Sie mir, als ich diese Dinge festgestellt hatte, war ich einfach verzweifelt; alles in mir kochte, obzwar ich kein Jurist bin oder gerade deshalb. Stellen Sie sich nur vor: die Kronzeugin geistig minderwertig, fast fünfzig Jahre alt, anscheinend in den Wechseljahren, was natürlich gegebenenfalls ihre Glaubwürdigkeit verringert. Die Gestalt im Fenster hatte sie in der Nacht gesehen: wie ich später feststellte, war es eine warme, aber sehr dunkle Nacht gewesen; das Frauenzimmer konnte also diesen Menschen nicht einmal mit annähernder Gewißheit erkannt haben. Im Finstern erkennt man nicht einmal die Größe eines Menschen genau, das habe ich an mir selbst gründlich überprüft. Und zu alledem haßte die Frau noch den jungen Herrn, nämlich Frank Selvin, geradezu hysterisch, weil er sie angeblich verspottet hatte;

er nannte sie nämlich ‚weißarmige Hebe', was die erwähnte Anna Solar aus irgendeinem Grunde als tödliche Beleidigung empfand.

Die zweite Tatsache: Tante Sofie haßte ihre Schwester, Frau Selvin, sie redeten eigentlich nichts miteinander; die alte Jungfer konnte Franks Mutter nicht einmal auf den Namen kommen. Wenn Tante Sofie sagte, Frank habe ihr irgendwie gedroht, konnte man das recht wohl den altjüngferlichen Gehässigkeiten zuschreiben, die sie sich erdachte, um ihre Schwester herabzusetzen. Was Frank betraf, so war er ein mittelmäßig begabter Junge, er war Schreiber in irgendeiner Kanzlei, hatte ein Mädel, dem er sentimentale Briefe und schlechte Verse schickte, und war, wie man so sagt, ohne eigenes Verschulden in Schulden geraten, weil er sich nämlich aus Sentimentalität betrank. Seine Mutter war eine arme Person, an der Krebs, Armut und Leid fraßen. So also sah die Sache bei näherem Zusehen aus.

Nein, Sie kennen meine damaligen Sturm- und Drangjahre nicht; wenn ich in Wut geriet, kannte ich mich nicht mehr. Damals schrieb ich in die Zeitung eine Artikelserie unter dem Titel: ‚Der Fall Selvin'; Punkt für Punkt zeigte ich die Unglaubwürdigkeit der Zeugen, vor allem die der Kronzeugin, auf, analysierte die Widersprüche in den Zeugenaussagen und die Voreingenommenheit einiger Aussagen, bewies die Absurdität dessen, daß die Kronzeugin den Täter hätte erkennen können, demonstrierte die vollkommene Unfähigkeit des Vorsitzenden des Gerichtes und die grobe Demagogie im Plädoyer des Staatsanwalts. Doch das genügte mir nicht; da ich schon einmal dabei war, begann ich die ganze Justiz anzugreifen, das Strafgesetz, die Einrichtung der Geschworenen, die ganze teilnahmslose und selbstsüchtige Gesellschaftsordnung. Fragen Sie nicht, was für einen Krach das gab; damals hatte ich schon einen gewissen Namen, die Jugend hielt zu mir, eines Abends kam es sogar zu Demonstrationen vor dem Gerichtsgebäude. Da kam der Advokat des jungen Selvin zu mir gelaufen und rang die Hände, was ich denn da angestellt hätte, er habe bereits die Nichtigkeitsbeschwerde eingebracht und Berufung eingelegt, und Selvins Strafe wäre bestimmt auf ein paar Jahre Gefängnis herabgesetzt worden, aber jetzt könne die oberste Instanz nicht dem Terror der Gasse nachgeben und verwerfe daher alle seine Rekurse. Ich sagte diesem ehrenwerten Juristen, daß es mir bereits nicht mehr um den Fall Selvin ginge, sondern um Wahrheit und Gerechtigkeit.

Der Rechtsanwalt behielt recht. Die Rekurse wurden abgewiesen, aber auch der Vorsitzende des Gerichtshofes wurde in den Ruhestand versetzt. Da habe ich mich erst recht in die Sache verbissen; seht ihr, ich möchte auch heute noch sagen, daß es ein heiliger Kampf um die Gerechtigkeit gewesen ist. Vieles hat sich seit jener Zeit gebessert, gesteht mir, dem Alten, doch zu, daß mir ein klein wenig Verdienst daran gebührt. Der Fall Selvin fand Eingang in die Weltpresse, ich redete zu den Arbeitern in Wirtshäusern und zu Delegierten aus aller Herren Länder auf internationalen Kongressen. ‚Macht den Fall Selvin wieder gut', war seinerzeit ein ebenso internationaler Ruf wie etwa ‚Die Waffen nieder' oder ‚Votes for Women'. Soweit es sich um mich handelte, war es der Kampf eines Einzelnen gegen den Staat, doch hinter mir stand die Jugend. Als Selvins Mutter starb, gingen siebzehntausend Menschen hinter dem Sarg der kleinen Frau, und ich hielt eine Rede über ihrem offenen Grabe, wie ich sie nie in meinem Leben gehalten hatte; weiß Gott, liebe Freunde, die Eingebung ist eine furchtbare und merkwürdige Sache.

Sieben Jahre führte ich den Kampf und dieser Kampf ließ mich berühmt werden. Es waren nicht meine Bücher, sondern der Fall Selvin, der mir einen gewissen Weltnamen eintrug. — Ich weiß, man nennt mich die Stimme des Gewissens, Ritter der Wahrheit oder sonst irgendwie; etwas davon wird auch auf meinem Grabstein stehen. Sicherlich wird man noch vierzehn Jahre nach meinem Tode in den Schulbüchern schreiben, wie der Dichter Leonard Unden für die Wahrheit gekämpft hat, und dann wird auch das vergessen sein.

Im siebenten Jahre starb die Kronzeugin Anna Solar; vor dem Tode beichtete sie und gestand unter Tränen, daß sie das Gewissen drücke, weil sie damals vor Gericht einen Meineid geleistet hätte; sie könne nicht der Wahrheit gemäß sagen, ob der Mörder im Fenster wirklich Frank Selvin gewesen sei. Der gute Pater kam damit zu mir; damals verstand ich den Lauf der Welt schon besser und ging mit der Sache nicht zu der Presse, sondern schickte den lieben Pfarrer zu Gericht. Binnen einer Woche war die Wiederaufnahme des Prozesses Frank Selvin verfügt. In einem Monat stand Frank Selvin neuerdings vor den Geschworenen; der beste Advokat zermalmte die Anklage zu Staub; daraufhin erhob sich der Staatsanwalt und empfahl den Geschworenen, Frank Selvin freizusprechen. Und die Geschworenen erklärten mit zwölf Stimmen Frank Selvin für unschuldig.

Ja, das war damals der größte Triumph meines Lebens. Kein Erfolg brachte mir eine so reine Befriedigung — und gleichzeitig ein solches Gefühl der Leere. Um die Wahrheit zu sagen, der Fall Selvin begann mir ein wenig zu fehlen, mir blieb eine gewisse Lücke darnach zurück. Es war einen Tag nach dem Prozeß. Plötzlich kommt das Mädchen und sagt, irgendein Mensch wolle mit mir sprechen.

‚Ich bin Frank Selvin', sagte der Mensch und blieb in der Tür stehen; mir war — ich weiß nicht, wie ich es sagen soll, ich fühlte eine gewisse Enttäuschung, daß mein Selvin so aussah... sagen wir wie ein Losagent: ein wenig dicklich und blaß, mit beginnender Glatze, etwas verschwitzt und maßlos alltäglich; außerdem roch er nach Bier.

‚Verehrter Meister', stotterte Frank Selvin (stellen Sie sich vor, ‚Verehrter Meister!' sagte er zu mir, ich hätte ihm am liebsten einen Tritt gegeben!), ‚ich komme Ihnen danken... als meinem größten Wohltäter.' Es sah so aus, als hätte er es auswendig gelernt. ‚Ihnen verdanke ich mein ganzes Leben. Alle Worte des Dankes sind zu schwach —'

‚Aber ich bitte Sie', sagte ich rasch, ‚das war meine Pflicht; da ich einmal sicher war, daß man Sie unschuldig verurteilt hat — —'

Frank Selvin schüttelte den Kopf. ‚Meister', sagte er traurig, ‚ich will meinen Wohltäter nicht belügen; ich habe nämlich die Alte kalt gemacht.'

‚Bei allen Teufeln', fuhr ich auf, ‚warum haben Sie das nicht vor Gericht gesagt?'

Frank Selvin sah mir vorwurfsvoll in die Augen. ‚Meister', sagte er, ‚dazu habe ich doch ein Recht; der Angeklagte hat das Recht zu leugnen, nicht?'

Ich muß Ihnen gestehen, daß ich bestürzt war. ‚Was wollen Sie also von mir?' fuhr ich ihn an.

‚Ich komme Ihnen nur für Ihren Edelmut danken, Meister', sagte Herr Selvin mit trauriger Stimme, die er wahrscheinlich für gerührt hielt. ‚Auch meines Mütterchens haben Sie sich angenommen. Gott segne Sie, edler Sänger.'

‚Gehen Sie!' schrie ich außer mir; der Kerl flog wie ein Pfeil die Treppe hinunter. Drei Wochen später hielt er mich auf der Straße an, er war etwas betrunken. Ich konnte ihn nicht loswerden; lange begriff ich nicht, was er wollte, bis er es mir erklärte, während er mich an einem Knopf festhielt. Angeblich hätte ich ihm alles verdorben; wenn ich nicht über seinen Fall so geschrieben hätte, würde das Berufungsgericht der Nichtigkeitsbeschwerde seines Advokaten Gehör geliehen haben und er, Herr Selvin, hätte nicht sieben Jahre lang unschuldig sitzen müssen; ich solle also zumindest auf seine bedrückte Lage Rücksicht nehmen, die ich verschuldet hätte, indem ich mich in seinen Prozeß eingemengt hatte. Kurz, ich mußte ihm einen Hunderter zustecken. ‚Gott segne Sie, Wohltäter', sagte zum Schluß Herr Selvin mit feuchten Augen.

Das nächste Mal kam er drohender. Ich hätte mir mit seinem Fall geholfen; nur durch seine Verteidigung hätte ich Ruhm erlangt und wie käme er dazu, nichts davon zu haben? Ich konnte ihn keineswegs überzeugen, daß ich ihm nicht etwas wie eine Provision schuldig sei, und zahlte daher von neuem.

Von da ab erschien er bei mir in immer kürzeren Abständen; er setzte sich aufs Sofa und seufzte, daß er an Gewissensbissen leide, weil er die Alte kaltgemacht habe. ‚Ich gehe mich anzeigen, Meister', sagte er düster, ‚aber für Sie wird das eine Riesenschande werden. Ich weiß also nicht, wie ich Ruhe finden könnte.' Glauben Sie mir, diese Gewissensbisse müssen etwas Furchtbares sein, danach zu urteilen, was ich dem Kerl zahlen mußte, damit er sie weiter ertrage. Zuletzt kaufte ich ihm eine Karte nach Amerika; ob er dort die Ruhe gefunden hat, weiß ich nicht.

Das also war der größte Erfolg meines Lebens; meine jungen Freunde, wenn Sie einmal den Nachruf auf Leonard Unden schreiben werden, dann schreiben Sie, daß er sich durch den Fall Selvin mit goldenen Buchstaben verewigt habe und so weiter; dafür gebühre ihm steter Dank."

SPUREN IM SCHNEE

Herr Rybka trat an diesem Abend in besonders guter Laune den Heimweg an, vor allem deshalb, weil er seine Schachpartie gewonnen hatte (das war ein schönes Rösselmatt, dachte er unterwegs wohlgefällig), und dann, weil frischer Schnee gefallen war, der in der schönen und reinen Stille weich unter den Füßen knisterte. Gott, ist das schön, meinte Herr Rybka, die Stadt unter Schnee, das ist plötzlich eine ganz kleine Stadt, so ein altväterliches Städtchen — man könnte fast an Nachtwächter und Postkutsche denken; sonderbar, wie altertümlich und ländlich der Schnee aussieht.

Knarr, knarr, Herr Rybka suchte einen unausgetretenen Pfad, nur der Freude wegen, da es so knirschte; und weil er in einem stillen Gartengäßchen wohnte, wurden die Fußstapfen, je weiter er ging, immer seltener. Sieh da, hier an der Gartenpforte verschwinden die Männerschuhe und Frauenschühchen, wahrscheinlich ein Ehepaar — ob sie wohl jung sind? überlegte Herr Rybka weich für sich, als wollte er sie segnen. Da ist eine Katze über den Weg gelaufen und hat ihre Tupfen im Schnee hinterlassen, sie sehen wie Blüten aus; gute Nacht, Mieze, dir werden die Pfötchen frieren. Und nun ist nur noch eine Reihe Fußstapfen da, männlich und tief, eine gerade und deutliche Kette von Schritten, die ein einsamer Fußgänger aneinandergereiht hat. Welcher Nachbar hier wohl gegangen ist? fragte sich Herr Rybka mit freundschaftlicher Teilnahme, hier gehen so wenig Leute, kein einziges Gleis ist im Schnee, wir sind da am Rande des Lebens; wenn ich heimkomme, wird das Gäßchen sich die weiße Bettdecke bis zur Nase ziehen und träumen, daß es nur ein Kinderspielzeug sei. Schade, daß uns das frühmorgens hier die Alte mit den Zeitungen zerstampfen wird; die macht Stapfen kreuz und quer wie ein Hase —

Herr Rybka blieb plötzlich stehen: gerade, als er über die weiße Gasse zu seiner Haustür gehen wollte, sah er, daß auch die Spuren, die vor ihm da waren, vom Gehsteig abzweigten und über die Gasse zu seiner Haustür führten. Wer mag zu mir gekommen sein? fragte er sich verblüfft und verfolgte mit den Blicken die deutlichen Spuren. Es waren ihrer fünf; und genau mitten in der Gasse endeten sie mit einem scharfen Abdruck des linken Fußes; weiter war nichts mehr da, als nur unverletzter und unberührter Schnee.

Das ist doch sonderbar, sagte sich Herr Rybka, vielleicht ist der Mensch auf den Gehsteig zurückgegangen! — Aber so weit er sehen konnte, war der Gehsteig glatt und locker beschneit, ohne einen einzigen menschlichen Tritt. Sapperment, wunderte sich Herr Rybka, wahrscheinlich werden die weiteren Fußstapfen auf dem anderen Gehsteig sein! Er ging also im Bogen um die unbeendete Schrittreihe herum; aber auf dem anderen Gehsteig war kein einziger Tritt; die ganze Gasse leuchtete von unberührtem und zartem Schnee, so daß es einem den Atem vor solcher Reinheit verschlug; niemand war hier gegangen, seit der Schnee gefallen war. Das ist merkwürdig, brummte Herr Rybka, wahrscheinlich ist der Mensch auf den Gehsteig zurückgegangen, in seinen eigenen Stapfen; doch da hätte er bis an die Straßenecke in seinen Stapfen zurückgehen müssen, denn vor mir führten nur diese einzigen Fußspuren her und zwar in der Richtung herzu. Aber weshalb hätte der Bursche das getan? wunderte sich Herr Rybka. Und wie könnte er, rückwärtsschreitend, genau in seine Stapfen treffen?

Kopfschüttelnd schloß er die Tür auf und betrat sein Haus; obgleich er wußte, daß es Unsinn sei, sah er nach, ob sich nicht drin im Hause irgendwelche Schneespuren befänden.

Wo aber wären die wohl hergekommen! Vielleicht schien es mir nur so, brummte Herr Rybka beunruhigt und neigte sich aus dem Fenster; auf der Straße sah er im Lampenlicht deutlich fünf scharfe und tiefe Stapfen, weiter nichts. Donnerwetter, fluchte Herr Rybka, sich die Augen reibend, einmal habe ich eine Geschichte von einer einzelnen Fußspur im Schnee gelesen, aber hier ist eine ganze ganze Reihe und plötzlich nichts — wohin ist der Kerl verschwunden?

Kopfschüttelnd begann er sich auszukleiden; doch plötzlich ließ er es sein, ging ans Telefon und rief mit beklommener Stimme das Polizeikommissariat an:

„Hallo, Herr Kommissär Bartoschek? Ich bitte Sie, da ist so eine merkwürdige Sache, eine sehr merkwürdige Sache — Wenn Sie jemanden herschicken wollten oder lieber selbst kämen — Das ist gut, ich erwarte Sie an der Ecke. Ich weiß nicht, worum es geht. Nein, ich glaube, es ist keine Gefahr; es handelt sich nur darum, daß niemand die Spuren zerstampft — Ich weiß nicht, wessen Spuren! — Also gut, ich erwarte Sie."

Herr Rybka kleidete sich an und ging wieder hinaus; er schritt vorsichtig um die Fußstapfen herum und achtete auch auf dem Gehsteig, daß er sie nicht zertrete. Vor Kälte und Aufregung zitternd, wartete er an der Straßenecke auf Kommissär Bartoschek. Es war still und die von Menschen bewohnte Erde leuchtete friedlich in das Weltall hinaus.

„Hier ist es so schön still“, brummte der Kommissär Bartoschek melancholisch. „Und mir hat man eine Rauferei und einen Betrunkenen eingeliefert. Pfui! — Also was haben Sie denn da?“

„Verfolgen Sie diese Fußstapfen, Herr Kommissär“, sagte Herr Rybka mit erregter Stimme. „Es ist ein paar Schritte von hier.“

Der Herr Kommissär leuchtete mit seiner Taschenlampe.

„Das war ein langer Lümmel, fast einen Meter achtzig“, meinte er, „den Fußstapfen und der Länge der Schritte nach zu schließen. Schuhe hatte er anständige, ich glaube handgenähte. Betrunken war er nicht, er ist ganz rüstig ausgeschritten. Ich weiß nicht, was Ihnen an den Fußstapfen nicht gefällt.“

„Das da“, sagte Herr Rybka kurz und wies auf die unbeendete Reihe der Schritte inmitten der Gasse.

„Aha“, meinte Kommissär Bartoschek und ging ohne viel Umstände auf die letzte Fußspur zu, hockte sich nieder und leuchtete mit der Taschenlampe. „Das ist nichts“, sagte er befriedigt, „das ist eine vollkommen normale, feste Fußspur. Das Gewicht ruhte mehr auf der Ferse; hätte der Mensch einen weiteren

Schritt oder Sprung getan, würde sich das Gewicht auf die Fußspitze verlegt haben, verstehen Sie? Und das müßte man sehen."

„Das bedeutet also?" fragte Herr Rybka gespannt.

„Nun ja", sagte der Kommissär seelenruhig, „das bedeutet, daß er nicht mehr weiterging."

„Wohin ist er also verschwunden?" stieß Herr Rybka fieberhaft hervor.

Der Kommissär zuckte mit den Achseln. „Das weiß ich nicht. Haben Sie vielleicht irgendeinen Verdacht?"

„Was für einen Verdacht?" staunte Herr Rybka. „Ich möchte nur wissen, wohin er verschwunden ist. Sehen Sie, hier hat er den letzten Schritt getan, aber wohin, um Himmels willen, hat er die weiteren Schritte gelenkt? Hier ist doch keine weitere Fußspur mehr!"

„Das sehe ich", sagte der Inspektor trocken. „Und was geht Sie das an, wo er hingegangen ist? Ist es jemand aus Ihrem Haus? Vermissen Sie wen? Also, Herrgott, was kümmert es Sie, wo er hingeraten ist?"

„Aber das muß sich doch aufklären lassen", stammelte Herr Rybka, „glauben Sie nicht, daß er vielleicht rückwärts in seinen eigenen Fußstapfen gegangen ist?"

„Unsinn", brummte der Kommissär, „wenn jemand rückwärtsgeht, vollführt er kürzere Schritte und tritt breitspuriger auf, damit er ein sicheres Gleichgewicht hat; außerdem hebt er die Beine nicht so, daß er mit den Absätzen ganze Furchen in den Schnee graben müßte. In diese Spuren ist nur einmal getreten worden, Herr. Sie sehen doch, wie deutlich sie sind."

„Wenn er also nicht zurückgegangen ist", drängte Herr Rybka hartnäckig, „wohin ist er verschwunden?"

„Das ist nicht meine Sache", knurrte der Herr Kommissär. „Sehen Sie, wenn er nichts angestellt hat, haben wir kein Recht, uns in seine Angelegenheiten zu mengen. Da müßte irgendeine Anzeige gegen ihn vorliegen, dann freilich leiten wir Voruntersuchung ein..."

„Aber kann denn ein Mensch mitten auf der Straße verschwinden?" entsetzte sich Herr Rybka.

„Sie müssen abwarten, Herr", riet ihm der Kommissär friedlich. „Wenn jemand verschwunden ist, meldet uns das nach einigen Tagen die Familie oder sonst wer; na, dann forschen wir nach. Solange ihn aber niemand vermißt, haben wir damit nichts zu tun. Das geht nicht."

In Herrn Rybka begann dunkler Zorn aufzusteigen. „Entschuldigen Sie", erklärte er scharf, „ich würde meinen, daß sich die Polizei doch ein wenig dafür interessieren sollte, wenn ein friedlicher Spaziergänger mir nichts, dir nichts mitten auf der Straße verschwindet!"

„Es ist ihm doch nichts zugestoßen", beruhigte ihn Herr Bartoschek. „Nirgends eine Spur von einem Kampf. Wenn ihn jemand überfallen oder entführt hätte, so müßte es hier eine Menge Spuren geben. — Es tut mir leid, Herr, aber ich habe keine Ursache, einzuschreiten."

„Aber Herr Kommissär", sagte Herr Rybka und schlug die Hände zusammen, „so erklären Sie mir doch wenigstens ... das ist doch ein Rätsel ..."

„Stimmt", pflichtete Herr Bartoschek nachdenklich bei. „Sie haben keine Ahnung, Herr, wieviel Rätsel es auf der Welt gibt. Jedes Haus, jede Familie ist ein Rätsel. Als ich herging, schluchzte in dem Haus dort eine junge Frauenstimme. Rätsel, mein Herr, die sind nicht unsere Sache. Wir werden für die Ordnung gezahlt. Glauben Sie denn, wir forschen aus Neugier nach einem Dieb? Herr, wir forschen nach ihm, um ihn einzusperren. Ordnung muß sein."

„Na, sehen Sie", brachte Herr Rybka plötzlich vor. „Und Sie werden doch zugeben, daß es nicht in Ordnung ist, wenn jemand inmitten der Straße ... nehmen wir an, sich kerzengerade in die Luft erhebt, nicht?"

„Das kommt auf die Auslegung an", meinte

der Kommissär. „Es gibt eine Polizeivorschrift, daß, falls die Gefahr eines Falles aus größerer Höhe besteht, der betreffende Mensch angebunden sein muß. Darauf steht in erster Linie Verwarnung und dann Geldstrafe. — Wenn sich der Herr nur so willkürlich in die Luft erhoben hat, hätte ihn freilich der Schutzmann verwarnen sollen, daß er einen Rettungsgurt umschnallen müsse, aber es war wohl kein Schutzmann da", sagte er entschuldigend. „Sonst wären hier Fußstapfen von ihm. Übrigens hat sich der Herr vielleicht auf andere Weise entfernt, nicht?"

„Aber wie?" sagte rasch Herr Rybka.

Kommissär Bartoschek schüttelt den Kopf: „Schwer zu sagen. Vielleicht irgendeine Himmelfahrt oder Jakobsleiter", meinte er unbestimmt. „Himmelfahrt könnte man etwa als Entführung betrachten, wenn dabei Gewalt angewendet worden ist; doch ich denke, so was geschieht meist mit Zustimmung des Betreffenden. Auch möglich, daß der Mann fliegen konnte. Haben Sie nicht manchmal geträumt, daß Sie fliegen? Da stößt man nur ein wenig mit dem Fuß ab und schon schwebt man... Manche fliegen wie ein Ballon, ich aber, wenn ich im Traum fliege, muß mich ab und zu mit dem Fuß von der Erde abstoßen; ich denke, das machen die schweren Kleider und der Säbel. Vielleicht ist der Mann eingeschlafen und hat im Traum zu fliegen begonnen. Doch das ist nicht verboten, Herr. In einer belebten Straße müßte ihn der Polizist allerdings ermahnen. Oder warten Sie, vielleicht war es Levitation, die Spiritisten glauben an die Levitation; aber Spiritismus ist auch nicht verboten. Mir hat ein gewisser Herr Baudisch erzählt, daß er mit eigenen Augen gesehen hat, wie das Medium in der Luft hing. Wer weiß, was an der Sache dran ist."

„Aber Herr", sagte Herr Rybka tadelnd, „Sie werden das doch nicht am Ende glauben. Das wäre doch eine Verletzung der Naturgesetze — — —"

Herr Bartoschek zuckte schwermütig mit den Achseln. „Lieber Herr, ich kenne das, die Menschen übertreten alle möglichen Gesetze und Verordnungen; wenn Sie Polizist wären, wüßten Sie mehr davon..." Der Kommissär machte eine Handbewegung. „Ich würde mich nicht wundern, wenn sie auch die Naturgesetze verletzten. Die Menschen sind ein großes Pack, Herr. Na, gute Nacht, es friert."

„Würden Sie nicht ein Glas Tee mit mir trinken... oder einen Pflaumenschnaps?" schlug Herr Rybka vor.

„Warum nicht", brummte der Kommissär melancholisch. „In der Uniform kann man ohnehin nicht ins Wirtshaus gehen. Deshalb trinken die Polizisten so wenig."

„Rätsel“, fuhr er fort, als er im Lehnstuhl saß und nachdenklich zusah, wie der Schnee auf seiner Schuhspitze taute, „neunundneunzig Menschen würden an den Fußstapfen vorbeigehen und sich um nichts kümmern. Sie selbst kümmern sich um neunundneunzig Dinge nicht, die verdammt rätselhaft sind. Wir wissen gar nicht, was es alles gibt.“

„Nur einige Dinge sind nicht rätselhaft. Zum Beispiel die Ordnung. Die Polizei auch nicht. Aber jeder Mensch, der auf der Straße geht, ist bereits rätselhaft, da wir nicht an ihn herankönnen. Sobald er etwas stiehlt, hört er auf, rätselhaft zu sein, weil wir ihn einsperren, und die Sache ist erledigt; dann wissen wir wenigstens, was er treibt und können ihn uns wann immer durch ein rundes Guckloch in der Tür ansehen. Sie verstehen. Ich bitte Sie, diese Zeitungsleute schreiben da etwa: ‚Rätselhafter Leichenfund!‘ Was ist an einer Leiche Rätselhaftes? Sobald wir sie eingeliefert bekommen, messen, photographieren und zerschneiden wir sie; wir kennen jeden Faden an ihr, wir wissen, was sie zuletzt gegessen hat, woran sie gestorben ist und so fort; überdies wissen wir, daß sie höchstwahrscheinlich von jemandem des Geldes wegen umgebracht worden ist. Das ist alles so klar und offenkundig... Sie können mir recht dunklen Tee eingießen, Herr. Alle Verbrechen sind klar, an ihnen erkennt man wenigstens die Beweggründe und alles, was dazu gehört. Aber rätselhaft ist, was Ihre Katze denkt, wovon Ihre Dienstmagd träumt und warum Ihre Frau so nachdenklich durchs Fenster blickt. Herr, alles ist rätselhaft außer Straffällen; so ein Kriminalfall ist ein genau umgrenztes Stückchen Wirklichkeit, ein Abschnitt, den wir uns unter die Lupe genommen haben. Sehen Sie, wenn ich mich hier umsehen würde, könnte ich allerlei über Sie erfahren; aber ich gucke lieber meine Stiefelspitzen an, weil Sie mich dienstlich nichts angehen; es liegt nämlich keine Anzeige gegen Sie vor", fügte er hinzu und schlürfte den heißen Tee.

„Es ist eine merkwürdige Vorstellung", begann er nach einer Weile", „daß die Polizei und besonders die Geheimen für Rätsel etwas übrighaben. Wir pfeifen auf Rätsel, uns interessieren Ungehörigkeiten. Uns interessiert nicht ein Verbrechen, weil es rätselhaft ist, sondern weil es verboten ist. Wir jagen so einen Lumpen nicht aus intellektueller Teilnahme, sondern um ihn im Namen des Gesetzes zu verhaften. Glauben Sie mir, die Straßenfeger laufen nicht mit dem Besen in den Straßen herum, um im Staub Spuren zu hinterlassen, sondern um die ganze Schweinerei, die das Leben angestellt hat, wegzufegen und fortzuschaffen. Ordnung ist nicht im geringsten rätselhaft. Ordnung machen ist eine Viechsarbeit, Herr, und wer reinemachen will, der muß seine Finger in jeden Schmutz stecken. Was wollen Sie, jemand muß es doch tun", sagte er melancholisch, „so wie jemand die Kälber abschlachten muß. Aber Kälber aus Neugier zu töten ist eine Roheit; man muß es als Handwerk betreiben. Wenn der Mensch die Pflicht hat, etwas zu tun, weiß er wenigstens, daß er das Recht hat, es zu tun. Sehen Sie, die Gerechtigkeit muß so unzweifelhaft sein wie das Einmaleins. Ich weiß nicht, ob Sie beweisen könnten, daß jeder Diebstahl schlecht ist, aber ich beweise Ihnen, daß jeder Diebstahl verboten ist, indem ich Sie auf jeden Fall festnehme. Wenn Sie auf der Straße Perlen ausstreuten, würde Sie der Schutzmann wegen Verunreinigung der Straße verwarnen. Aber wenn Sie anfingen, Wunder zu wirken, könnte Sie niemand daran hindern, es sei denn, wir würden es als öffentliches Ärgernis oder unerlaubte Zusammenrottung betrachten. Es muß irgendeine Ungehörigkeit dabei sein, damit wir uns einmischen."

„Aber Herr", unterbrach Herr Rybka, unzufrieden hin und her rückend, „genügt Ihnen denn das? Hier handelt es sich um... um so eine merkwürdige Sache... um etwas so Rätselhaftes... und Sie..."

Herr Bartoschek zuckte mit den Achseln. „Ah, ich lasse die Sache laufen. Wenn Sie wollen, lasse ich die Fußstapfen beseitigen, damit sie nicht Ihre Nachtruhe stören. Mehr kann ich nicht tun. Hören Sie nichts? Keine Schritte? Da geht unsere Streife, es ist also bereits zwei Uhr sieben. Gute Nacht, Herr."

Herr Rybka begleitete den Kommissär vors Haus; in der Mitte der Straße befand sich noch immer die unbeendete und unbegreifliche Schrittreihe. Auf dem andern Gehsteig kam ein Schutzmann.

„Mimra", rief der Kommissär, „gibt's was Neues?"

Der Schutzmann Mimra salutierte. „Im großen und ganzen nichts, Herr Kommissär", meldete er. „Bei Nummer 17 hat eine Katze draußen miaut; da habe ich angeläutet, damit man sie ins Haus läßt. Bei Nummer 9 war die Haustür nicht zugesperrt. An der Ecke hat man die Straße aufgerissen und kein rotes Licht hingestellt, und beim Krämer Marschik hat sich das Schild an einer Seite losgerissen; man wird es am Morgen abnehmen müssen, damit es niemandem auf den Kopf fällt."

„Das ist alles?"

„Ja, das ist alles", antwortete der Schutzmann Mimra. „Am Morgen wird man die Gehsteige bestreuen müssen, damit sich niemand ein Bein bricht; man sollte um sechs überall anläuten —"

„Ist recht", sagte Kommissär Bartoschek, „gute Nacht!"

Herr Rybka sah sich noch einmal nach den Stapfen um, die ins Unbekannte führten. Aber dort, wo der letzte Stapfen war, befanden sich nun zwei gründliche Abdrücke der Dienstschuhe des Schutzmannes Mimra, und von dort setzten sich die breiten Tritte in einer regelmäßigen und deutlichen Reihe weiter fort.

„Gott sei Dank", atmete Herr Rybka auf und ging schlafen.

ENTLASSEN

„Nun, haben Sie verstanden, Zaruba?" fragte der Gefängnisdirektor, als er nahezu feierlich den entsprechenden Akt des Justizministeriums zu Ende gelesen hatte. „Das bedeutet, daß Ihnen der Rest Ihrer lebenslänglichen Strafe bedingt erlassen wird. Sie haben zwölfeinhalb Jahre abgesessen und sich die ganze Zeit über... na, kurz — musterhaft aufgeführt, wir haben Ihnen das beste Zeugnis ausgestellt und... eh, mit einem Wort, Sie können nach Hause gehen, verstanden? Aber merken Sie sich, Zaruba, wenn Sie etwas anstellen, erlischt die bedingte Entlassung und dann müssen Sie die lebenslängliche Strafe wegen Mordes an Ihrer Frau Marie absitzen, da hilft Ihnen kein Herrgott mehr. Nun, nehmen Sie sich in acht, Zaruba, ein zweites Mal möchte ich Sie hier nicht sehen. Also leben Sie wohl und der Herr Verwalter zahlt ihnen Ihr Geld aus. Sie können gehen."

Zaruba, ein fast zwei Meter langer Kerl, trat von einem Fuß auf den andern und stotterte etwas; er war so glücklich, daß es ihm förmlich weh tat und etwas wie ein Schluchzen in ihm aufstieg.

„Na, na", brummte der Direktor, „fangen Sie uns doch hier nicht zu heulen an. Wir haben Ihnen einige Kleider vorbereitet und der Baumeister Malek hat mir versprochen, daß er Ihnen Arbeit gibt. — Was, Sie wollen zuerst heimgehen? Aha, zum Grab Ihrer Frau. Na, das ist schön von Ihnen. Also glückliche Reise, Herr Zaruba", sagte der Direktor rasch und reichte Zaruba die Hand. „Und nehmen Sie sich in acht, um Gottes willen, denken Sie daran, daß Sie nur bedingt draußen sind."

„So ein braver Mensch", sagte der Direktor, kaum daß sich die Tür hinter Zaruba geschlossen hatte. „Ich sage Ihnen, Formanek, diese Mörder sind in der Regel sehr anständige Menschen; am schlimmsten sind Defraudanten, denen ist im Kriminal nichts gut genug. Schade um den Zaruba."

Obwohl nun Zaruba das eiserne Tor und den Hof des Pankrazer Gefängnisses bereits hinter sich wußte, hatte er immer noch einen so unsicheren und demütigenden Eindruck, als würde ihn der nächste Aufseher anhalten und zurückführen. Er schlenderte deshalb nur so dahin, damit es nicht aussehe, als ob er fliehe. Als er auf die Straße kam, drehte sich ihm der Kopf: so viele Menschen sind draußen, dort treiben sich Kinder herum, zwei Chauffeure streiten, du lieber Gott, diese Menschen, das gab es früher nicht, wohin soll man nur gehen? Das ist einerlei! Nichts als Wagen und so viele Weibsbilder, schleicht niemand hinter mir her? Nein, aber so viele Wagen! Zaruba schlug den Weg gegen Prag hinunter ein, um nur schon so weit als möglich zu sein; es roch nach Selcherei, doch jetzt nicht, jetzt noch nicht, und dann roch noch etwas stärker: ein Neubau. Der Maurer Zaruba blieb stehen und sog den Geruch von Mörtel und Balken ein. Er sah einem Mann zu, wie er Kalk mischte, er verspürte Lust, ein Gespräch anzuknüpfen, aber irgendwie gelang es ihm nicht; es kam kein Laut aus ihm heraus, der Mensch gewöhnt sich in Einzelhaft das Reden ab. Zaruba stieg mit langen Schritten gegen Prag hinunter. Um Gottes willen, was es da für Gebäude gab! Hier bauten sie etwas ganz aus Beton, so was gab es vor zwölf Jahren nicht, meinte Zaruba, aber das muß ihnen doch einstürzen, so dünne Pfeiler. „Achtung, Mensch, sind Sie denn blind?" Fast hätte ihn ein Auto überfahren, beinahe wäre er unter die rasselnde Straßenbahn geraten; verdammt, wie man sich in zwölf Jahren die Straßen abgewöhnt. Er hätte gern jemanden gefragt, was das für ein großer Bau da ist, er hätte gerne gefragt, wie man zum Nordwestbahnhof kommt; da gerade neben ihm ein Lastwagen mit Eisen vorbeilärmte, versuchte er es laut für sich zu sagen: „Ich bitte Sie, wie kommt man hier zum Nordwestbahnhof?" Nein, es geht nicht; die Stimme ist in ihm irgendwie eingetrocknet, man verrostet dort oben und wird stumm; die ersten drei Jahre fragt man noch hie und da nach etwas, doch dann läßt man es sein. „Ich bitte Sie, wie geht man —" Es röchelte nur in seinem Halse, das war keine menschliche Stimme.

Mit langen Schritten eilt Zaruba durch die Gassen. Ihm ist, als wäre er betrunken, oder als ginge er im Traume dahin; es ist alles ganz anders als vor zwölf Jahren, größer, lärmender und verwirrender. Wieviele Menschen nur da sind! Zaruba wird von alldem fast traurig, als wäre er irgendwo in der Fremde und vermöchte sich mit den Leuten nicht zu verständigen. Wenn er nur auf den Bahnhof gelangen und heimfahren könnte, heim... Der Bruder hat dort ein Häuschen und Kinder... „Ich bitte Sie, wie geht man..." versucht Zaruba auszusprechen, bewegt aber nur lautlos die Lippen. Ach was, daheim wird es vergehen, daheim werde ich mich losreden; wenn ich nur zum Bahnhof käme!

Plötzlich ein Schrei hinter ihm, jemand reißt ihn auf den Gehsteig. „Mensch, warum gehen Sie nicht auf dem Gehsteig?" fährt ihn ein Chauffeur an. Zaruba möchte antworten, aber es geht nicht; er räuspert sich nur und läuft weiter. Auf dem Gehsteig, denkt er, für mich ist der Gehsteig zu klein, Leute, ich habe solche Eile, ich will nach Hause, ich bitte Sie, wie kommt man zum Nordwestbahnhof? Wahrscheinlich durch die belebteste Straße, entschied er, hier, wo die vielen Straßenbahnen fahren. Wo kommen nur die vielen Leute her? Das sind ja ganze Haufen, und alle gehen in einer Richtung, die führt bestimmt zum Bahnhof, darum laufen sie so, damit ihnen der Zug nicht davonfährt. Der baumlange Zaruba beschleunigte seine Schritte, um nicht zurückzubleiben, und siehe da, auch den Menschen genügt der Gehsteig nicht mehr, sie wälzen sich mitten durch die Straßen, eine dichte und laute Masse. Und immerzu schließen sich neue an, sie rennen im Laufschritt und schreien etwas; da fangen sie alle an, ein langes und breites Gebrüll von sich zu geben.

Zaruba dreht sich, vom Lärm berauscht, der Kopf. Herrgott, ist das schön, so viele Menschen! Dort vorn haben sie begonnen, etwas im Marsch zu singen, Zaruba paßt seinen Schritt an und stampft munter vorwärts, jetzt singen alle um ihn, in Zaruba schmilzt etwas und schwillt im Hals an, als ob es ihn drücke, es muß heraus und ist Gesang, eins, zwei, eins, zwei, Zaruba singt ein Lied ohne Worte, er brummt vor sich hin, summt in tiefem Baß was ist das für ein Lied? Einerlei, ich fahre heim, ich fahre heim! Der riesige Zaruba schreitet schon in der ersten Reihe und singt, es sind keine Worte, aber es ist so schön, eins, zwei, eins, zwei. Zaruba trompetet mit erhobener Hand wie ein Elefant, ihm ist, als klinge sein ganzer Körper, der Bauch zittert wie eine Trommel, der Brustkorb dröhnt laut und in der Kehle tut es so wohl, so wohl, als würde man saufen oder weinen. Tausende Menschen schreien: „Pfui, pfui der Regierung“, aber Zaruba kann nicht erfassen, was sie rufen und so trompetet er siegreich „A—aaa! A—aaa!“

Mit dem langen Arm winkend, geht Zaruba an der Spitze aller, johlt und brüllt, singt und lärmt, schlägt sich mit den Fäusten in die Brust und stößt einen grellen Schrei aus, der über die Köpfe aller wie eine flatternde Fahne fliegt. „Uava, Uava“, trompetet Zaruba aus voller Kehle, aus voller Lunge, aus vollem Herzen, wobei er die Augen wie ein krähender Hahn schließt: „Uava, aaa! Aaa!“ Nun ist die Menge stehengeblieben und kann nicht weiter, weicht in verwirrter Welle zurück, schnaubt und gibt erregte Rufe von sich: „Uava! Hurra!“

Zaruba überläßt sich mit geschlossenen Augen der großen, befreienden Stimme, die aus seinem Innern aufquillt. Plötzlich greifen irgendwelche Hände nach ihm und eine atemlose Stimme röchelt ihm ins Ohr: „Im Namen des Gesetzes, Sie sind verhaftet!"

Zaruba reißt die Augen auf; an dem einen seiner Arme hängt ein Schutzmann und zerrt ihn aus dem Haufen, der krampfhaft hin und her drängt. Zaruba ächzt vor Entsetzen und will seinen Arm von dem Schutzmann losreißen, der ihm das Gelenk verdreht; er brüllt vor Schmerz auf und schlägt dem Schutzmann die zweite Hand wie eine Keule über den Kopf. Der Polizist wird rot und läßt ihn los; da bekommt Zaruba mit dem Gummiknüppel eins über den Schädel und wieder eins, und wieder, wieder! Zwei mächtige Arme bewegen sich wie die Flügel einer Windmühle und sausen auf irgendwelche Köpfe nieder; Menschen in Helmen hängen sich wie Bulldoggen an ihn, Zaruba versucht sie, vor Angst stöhnend, abzuschütteln, stößt um sich, schüttelt sich wie ein Irrsinniger, wird irgendwohin gezerrt und gestoßen, zwei Schutzleute führen ihn an der verrenkten Hand durch die leeren Gassen, eins, zwei, eins, zwei. Zaruba geht wie ein Lamm, ich bitte Sie, wie kommt man zum Nordwestbahnhof? Ich soll doch nach Hause fahren.

Die zwei Polizisten werfen ihn geradezu auf das Kommissariat.

„Wie heißen Sie?" fährt ihn eine böse und kalte Stimme an.

Zaruba würde es gerne sagen, doch er bewegt nur die Lippen.

„Na, also wie heißen Sie?“ brüllte die böse Stimme.

„Zaruba Anton“, flüstert der Lange heiser.

„Wohnhaft?“

Zaruba zuckt ratlos die Achseln. „In Pankraz“, bringt er heraus, „in Einzelhaft.“

Es sollte zwar nicht vorkommen, aber es geschah doch: drei Juristen berieten, wie man Zaruba heraushauen könnte; der Vorsitzende des Senats, der Staatsanwalt und der Verteidiger ex offo.

„Soll der Zaruba leugnen“, meinte der Staatsanwalt.

„Das geht nicht“, brummte der Vorsitzende des Senats. „Er hat bereits bei der Untersuchung gestanden, sich mit den Schutzleuten herumgerauft zu haben. So ein Trottel, von selbst zu gestehen —“

„Wenn die Polizisten aussagten“, schlug der Advokat vor, „daß sie den Zaruba nicht mit Bestimmtheit erkennen und daß es ebensogut jemand anderer gewesen sein könnte —“

„Ich bitte Sie“, protestierte der Staatsanwalt, „das fehlte noch, daß wir die Polizisten zu Lügen anhalten! Wenn sie den Zaruba bestimmt erkennen — Ich wäre für Sinnesverwirrung. Beantragen Sie Untersuchung seines Geisteszustandes, Herr Kollege; ich schließe mich Ihnen an."

„Wenn's weiter nichts ist", meinte der Advokat, „den Antrag stelle ich schon, aber was, wenn ihn die Ärzte nicht als Narren anerkennen?"

„Ich werde schon ein Wort einlegen", ließ sich der Senatsvorsitzende herbei. „Es soll zwar nicht sein, aber — zum Teufel, ich möchte nicht gern, daß der Zaruba wegen dieser Dummheit lebenslänglich sitzen müßte. Lieber würde ich mich weiß Gott wo sehen. Zum Kuckuck, ich würde ihm sechs Monate aufbrummen, ohne mit der Wimper zu zucken; aber wenn er den Rest seines lebenslänglichen Kriminals absitzen müßte, Herr, das würde mir verdammt, dingsda, nicht gefallen."

„Falls Sinnesverwirrung nicht hilft", überlegte der Staatsanwalt, „dann sieht es recht schlimm aus. Bedenken Sie doch, um Gottes willen, ich muß es als Verbrechen anklagen; was soll ich denn sonst damit beginnen? Wenn der Dummkopf wenigstens irgendwo in ein Gasthaus eingekehrt wäre! Daraus hätten wir schon irgendeine Unzurechnungsfähigkeit gedeichselt —"

„Bitte, meine Herren", drängte der Senatsvorsitzende, „seien Sie mir doch irgendwie behilflich, damit ich ihn freilassen kann. Ich bin ein alter Mann und möchte nicht gerne — na, Sie wissen schon, so was auf mich nehmen!"

„Schwierige Sache", seufzte der Staatsanwalt, „wir werden ja sehen. Zumindest zieht es sich mit den Psychiatern in die Länge. Morgen ist also die Verhandlung, nicht wahr?"

. Es kam nicht zur Verhandlung. In der gleichen Nacht erhängte sich Anton Zaruba, wahrscheinlich aus Angst vor der Strafe. Da er viel zu lang war, hing er so merkwürdig, als hockte er auf der Erde.

„Verdammte Sache", brummte der Staatsanwalt, „Herrgott, ist das eine dumme Geschichte. Aber wenigstens haben wir jetzt keine Schuld."

DER KUPON

An jenem heißen Augustabend war die Schützeninsel voll Menschen; und so blieb Mizzi und Peppi nichts übrig, als sich an den Tisch zu setzen, an dem bereits ein Herr mit einem dicken und traurigen Schnurrbart saß. „Sie erlauben", sagte Peppi und der Herr nickte kaum. (Dieses Ekel, sagte sich Mizzi, ausgerechnet an unserm Tisch muß er sitzen!) Das Erste war, daß sich Mizzi mit der Geste einer Großfürstin auf dem Stuhl niederließ, den Peppi mit dem Taschentuch für sie reingefegt hatte; das Zweite, unmittelbar Nachfolgende, daß sie rasch die Puderdose herauszog und sich die Nase puderte, damit sie, um Himmels willen, in der Hitze ja nicht glänze; als sie die Puderdose herausnahm, fiel ein zerknüllter Zettel aus ihrem Täschchen. Der Herr mit dem Bart bückte sich danach. „Heben Sie sich das auf, Fräulein", sagte er düster.

Mizzi wurde rot, vor allem, weil sie der fremde Herr angesprochen hatte und weil es sie ärgerte, daß sie rot geworden war. „Danke", sagte sie und wandte sich rasch an Peppi: „Weißt du, das ist der Kupon aus dem Laden, wo ich mir die Strümpfe gekauft habe."

„Eben", sagte der melancholische Mann, „Sie wissen gar nicht, wozu man das brauchen kann."

Peppi erachtete es als seine Ritterpflicht, einzuschreiten. „Wozu solche dumme Papiere aufheben", sagte er, ohne den Herrn anzublicken. „Man hat dann nur die Taschen voll davon."

„Das tut nichts", meinte der Herr mit dem Schnurrbart, „manchmal hat es größeren Wert als ich weiß nicht was."

Mizzis Gesicht nahm einen gespannten Ausdruck an. (Das Ekel wird sich in unser Gespräch einmischen; Gott, warum haben wir uns nicht anderswo hingesetzt!) Peppi entschloß sich, Schluß zu machen. „Was für einen Wert?" sagte er kalt und zog die Brauen zusammen. (Wie gut ihm das steht, freute sich Mizzi.)

„Als Spur", knurrte das Ekel und fügte statt einer formalen Vorstellung hinzu: „Ich bin nämlich Herr Soutschek von der Polizei, wissen Sie? Wir hatten gerade jetzt einen solchen Fall", sagte er mit einer Handbewegung. „Man weiß nie, was man in der Tasche trägt."

„Was für einen Fall?" konnte sich Peppi

nicht enthalten auszurufen. (Mizzi fing den Blick eines jungen Burschen vom Nebentisch auf. Warte nur, Peppi, ich will dich lehren, mit anderen Leuten zu reden!)

„Aber mit der Frau, die man bei Roztyly gefunden hat“, sagte der Mann mit dem Schnurrbart und schickte sich an zu schweigen.

In Mizzi erwachte plötzliches Interesse, wahrscheinlich, weil es sich um eine Frau handelte. „Mit welcher Frau?“ stieß sie hervor.

„Aber mit der, die man neulich dort gefunden hat“, brummte Herr Soutschek von der Polizei ausweichend und kramte etwas verlegen eine Zigarette aus der Tasche — und da geschah etwas völlig Unerwartetes. Peppi fuhr eilig mit der Hand in die Tasche, brachte ein Feuerzeug zum Brennen und reichte dem Manne Feuer.

„Danke“, sagte Herr Soutschek sichtlich ergriffen und geehrt. „Sie wissen doch, wie die Schnitter die Frauenleiche im Getreide zwischen Roztyly und Krtsch gefunden haben“, erklärte er, womit er seine Dankbarkeit und Gunst zu erkennen gab.

„Ich weiß nichts davon“, sagte Mizzi, die Augen aufreißend. „Peppi, erinnerst du dich, als wir in Krtsch waren? — Und was ist der Frau geschehen?“

„Erwürgt“, erklärte Herr Soutschek trocken.

„Den Strick hatte sie noch um den Hals. Ich will hier vor dem Fräulein nicht erzählen, wie sie ausgesehen hat, Sie wissen ja, im Juli — und sie doch fast zwei Monate dort gelegen ist —" Herr Soutschek blies angewidert den Rauch von sich. „Sie haben keine Ahnung, wie sonderbar ein Mensch in einem solchen Fall aussieht. Woher denn, nicht einmal die eigene Mutter würde ihn erkennen. Und diese Fliegen —" Herr Soutschek schüttelte melancholisch den Kopf. „Fräulein, wenn man die Haut wegnimmt, ist es vorbei mit der Schönheit. Und dann die Identität feststellen, das ist ein Kreuz, Sie verstehen? Solange so was noch Nase und Augen hat, kann man es erkennen, aber wenn es länger als einen Monat an der Sonne liegt —"

„Dann muß die Leiche ein Monogramm bei sich haben", meinte Peppi kennerhaft.

„Ach wo, ein Monogramm", brummte Herr Soutschek. „Herr, ledige Mädel haben für gewöhnlich kein Monogramm, weil sie sich sagen, ach was, ich heirate ohnehin bald. Das Weibsbild hatte kein Monogramm!"

„Und wie alt war sie?" fragte Mizzi voll Teilnahme.

„Ungefähr fünfundzwanzig, nach der Meinung des Arztes, nach den Zähnen und derlei Dingen zu schließen, wissen Sie. Der Kleidung nach konnte es eine Arbeiterin oder ein

Dienstmädchen gewesen sein, weil sie so ein ländliches Hemd anhatte. Eine Arbeiterin hätte man aber schon gesucht, weil Arbeiterinnen zumeist im gleichen Posten oder im gleichen Quartier bleiben. Aber so ein Dienstmädchen, wenn die mal wechselt, weiß kein Mensch mehr von ihr und niemand kümmert sich um sie. Das ist so eine sonderbare Sache mit den Dienstmädchen, nicht wahr. Wir haben uns also gesagt, wenn sie zwei Monate lang niemand gesucht hat, wird es am ehesten ein Dienstmädchen sein. Die Hauptsache war der Kupon."

„Was für ein Kupon?" fragte Peppi lebhaft, denn auch er verspürte die heldenhafte Möglichkeit in sich, Detektiv, kanadischer Waldläufer, Schiffskapitän oder so was ähnliches zu werden; sein Gesicht nahm jenen energischen und gesammelten Ausdruck an, der schon zur Sache gehört.

„Das ist so", sagte Herr Soutschek, schwermütig zu Boden blickend. „Man hat bei ihr rein gar nichts gefunden; der ihr das angetan hat, hat ihr alles weggenommen, was irgendeinen Wert haben konnte. Nur in der linken Hand hielt sie noch den abgerissenen Riemen ihres Täschchens, und das riemenlose Täschchen wurde ein Stück weiter im Korn gefunden. Wahrscheinlich hat er ihr auch die Handtasche entreißen wollen; da aber der Riemen abriß, war sie für ihn wertlos, und so hat er sie ins Korn geworfen. Aber vorher räumte er alles aus, wissen Sie? In einer Falte der Tasche blieb also nur ein Fahrschein von der Straßenbahn Nummer 7 und ein Kupon aus einem Porzellanladen, lautend auf fünfundfünzig Kronen. Mehr haben wir bei ihr nicht gefunden."

„Doch die Schnur um den Hals", sagte Peppi. „Dem hätte man nachgehen sollen."

Herr Soutschek schüttelte den Kopf. „Das war nur ein Stück Wäscheleine, das ist nichts. Wir hatten bloß den Fahrschein von der Straßenbahn und den Kupon. Natürlich ließen wir in die Zeitungen einrücken, daß eine Frauenleiche aufgefunden wurde, Alter etwa fünfundzwanzig Jahre, grauer Rock, gestreifte Bluse; sollte ein Dienstmädchen seit etwa zwei Monaten vermißt werden, möge man es der Polizei melden. Wir erhielten über hundert Anzeigen; im Mai wechseln die Dienstmädchen am häufigsten den Posten, niemand weiß, warum; nachher stellte sich jedoch heraus, daß es lauter sinnlose Angaben waren. Aber was das für eine Arbeit gibt, solche Feststellungen", sagte Herr Soutschek melancholisch. „Ehe man so ein Weibsbild, das in Dejwitz gedient hat, irgendwo in Wrschowitz oder in Branik wiederfindet, Herr, das heißt einen ganzen Tag herumlaufen. Und zu guter Letzt ist alles umsonst gewesen; die dumme Grete ist lebendig und lacht einen noch aus. Jetzt spielen sie ein hübsches Stück", bemerkte er wohlgefällig, den Takt zu Wagners Walkürenmotiv nickend, in welches die Kapelle auf der Insel all ihre Kraft legte. „So traurig, nicht wahr? Ich habe traurige Musik gern. Deshalb gehe ich auch zu allen großen Begräbnissen, um bei der Gelegenheit Taschendiebe zu fangen."

„Aber der Mörder mußte doch irgendwelche Spuren hinterlassen haben", meinte Peppi.

„Sehen Sie den Burschen dort?" sagte Herr Soutschek mit Interesse. „Der hat es auf Sammelbüchsen in Kirchen abgesehen. Möchte nur wissen, was der hier will. Nein, der Mörder hat keine Spur hinterlassen. Hören Sie, wenn Sie ein abgemurkstes Mädel finden, können Sie Gift darauf nehmen, daß es ihr Liebhaber getan hat, das kommt oft vor", sagte er schwermütig. „Machen Sie sich nichts draus, Fräulein. Nun hätten wir gern gewußt, wer sie umgebracht hat; aber vorerst mußten wir wissen, wer sie war. Darin lag die ganze Schwierigkeit, nicht wahr!"

„Aber dafür", warf Peppi unsicher ein, „hat doch die Polizei ihre Methoden."

„Na freilich", stimmte Herr Soutschek schwermütig zu, „zum Beispiel die Methode, eine Graupe in einem Sack Linsen zu finden. Dazu gehört schon eine große Geduld, Herr.

Wissen Sie, ich lese gerne Detektivgeschichten, in denen Mikroskope und ähnliche Dinge vorkommen. Aber was hätten Sie dem armen Mädel mit einem Mikroskop abgeguckt? Höchstens das Familienglück eines dicken Wurmes, wie er seine kleinen Würmchen spazieren führt. Entschuldigen Sie schon, Fräulein, aber mich ärgert es immer, wenn ich etwas von Methoden höre. Wissen Sie, das ist was anderes als Romane lesen und im voraus erraten, wie es ausfällt. Eher ist es so, als würde einem jemand einen Roman geben und sagen: ‚So, Herr Soutschek, das müssen Sie Wort für Wort durchlesen, und wo Sie ein »Wenngleich« finden, die Seite notieren Sie sich.' — So eine Arbeit ist das, Sie verstehen? Da helfen einem weder Methode noch Scharfsinn; da muß man lesen und lesen, und zu guter Letzt findet man, daß in dem Buch nicht ein einzigesmal »Wenngleich« vorkommt. Oder man muß durch ganz Prag laufen und den Aufenthalt von einigen Hundert Annen und Bertas feststellen, um dann detektivisch zu entdecken, daß keine von ihnen umgebracht wurde. Darüber sollte man was schreiben", meinte er unzufrieden, „und nicht über das gestohlene Halsband der Königin von Saba. Denn das ist zumindest solide Arbeit, Herr."

„Na, und wie sind Sie die Sache angegangen?" erkundigte sich Peppi, im vorhinein sicher, daß er es anders angepackt hätte.

„Wie wir's angegangen sind?" wiederholte Herr Soutschek, in Gedanken vertieft. „Vorerst mußten wir mit etwas anfangen, nicht wahr. Da hatten wir vor allem den Fahrschein von der Straßenbahn Nummer 7. Nehmen wir also an, das Mädel, wenn es nämlich Dienstmädchen gewesen ist, hatte irgendwo in der Nähe dieser Straßenbahn gedient: das muß nicht stimmen, vielleicht ist sie nur zufällig die Strecke gefahren; aber irgendwas muß man für den Anfang nehmen, damit man überhaupt anfangen kann, na nicht? Nur fährt gerade die Siebner durch ganz Prag, von Břewnow über die Kleinseite und die Neustadt nach Žižkow; das war also wieder nichts, damit konnte man nichts beginnen. Dann war da der Kupon; daraus konnte man zumindest erkennen, daß das Mädel vor einiger Zeit in einem Porzellanladen für fünfundfünzig Kronen Ware eingekauft hat. So sind wir halt hingegangen."

„Und dort hat man sich an sie erinnert", fiel ihm Mizzi ins Wort.

„Was Ihnen nicht einfällt, Fräulein", brummte Herr Soutschek. „Wie hätte man sich auch an sie erinnern sollen. Aber unser Herr Dr. Mejzlik, nämlich unser Kommissär, ging hin nachfragen, was man so für fünfundfünfzig Kronen kaufen kann. ‚Das ist ganz verschieden', sagte man ihm, ‚je nachdem, wieviel Stücke es waren; aber genau für fünfundfünfzig Kronen gäbe es nur eine englische Teekanne für eine Person.' — ‚Dann verkaufen Sie mir eine', sagte unser Herr Doktor, ‚aber womöglich Ausschuß, damit es nicht so viel kostet.'

Nachher ließ mich der Herr Kommissär zu sich rufen und sagte: ‚Soutschek, das ist was für Sie. Nehmen wir an, das Mädel war irgendwo im Dienst. So ein Dienstmädchen zerschlägt jede Weile etwas, und wenn ihr das zum drittenmal passiert, dann sagt die Gnädige: Sie Gans, jetzt gehen Sie das aus Eigenem kaufen. Dann kauft so ein Mädel nur gerade das eine Stück, das sie zerschlagen hat. Und für fünfundfünfzig Kronen bekommt man eben nur so eine Teekanne.' ‚Das ist verdammt teuer', meine ich. Und er darauf: ‚Mensch, das ist es ja eben. Vor allem erklärt es uns, warum sich das Dienstmädchen den Kupon aufgehoben hat, für sie war das ein Haufen Geld; und vielleicht hat sie gedacht, daß es ihr die Frau einmal ersetzen wird. Zweitens ist es eine Teekanne für eine Person. Also hat das Mädel entweder bei einer einzelnen Person gedient, oder ihre Frau hatte eine einzelne Person in Untermiete, die sich regelmäßig zum Frühstück in der Kanne Tee bringen ließ. Diese einzelne Person dürfte am ehesten ein Fräulein gewesen sein, weil sich ein alleinstehender Herr kaum eine so teure und hübsche Kanne gekauft hätte, nicht wahr; die Herren kümmern sich zumeist nicht darum, woraus sie trinken. Sicherlich wird es also ein alleinstehendes Fräulein gewesen sein, weil so ein Fräulein in Untermiete immer schrecklich gern was Eigenes und Hübsches hat, und dann kauft sie sich so ein überflüssig teures Zeug.'"

„Das ist wahr", rief Mizzi. „Weißt du, Peppi, ich habe auch so eine hübsche Vase."

„Na sehen Sie", meinte Herr Soutschek, „aber den Kupon davon haben Sie nicht mehr. Und dann sagte mir der Herr Kommissär: ‚Jetzt werden wir weiter raten, Soutschek; es ist verdammt unsicher, aber irgendwo müssen wir anfangen. Schauen Sie, jemand, der fünfundfünzig Kronen für eine Teekanne hinauswirft, wohnt nicht in Žižkow. (Da hatte Dr. Mejzlik nämlich wieder die Siebnerstrecke vor Augen, das heißt den Fahrschein von der Straßenbahn.) Im Innern Prags gibt es wenig Untermieter, und auf der Kleinseite wohnen nur solche, die Kaffee trinken. Ich würde am ehesten an das Viertel zwischen Hradschin und Dejwitz denken, wenn wir schon die Siebner haben. Fast möchte ich sagen, daß so ein Fräulein, das Tee aus einer englischen Kanne trinkt, nirgend anders wohnen könnte als in einem Häuschen mit Garten; das ist eben die moderne englische Kultur, Soutschek. (Sie verstehen, unser Dr. Mejzlik hat manchmal solche verrückte Einfälle.) Also wissen Sie was, Soutschek', sagt er, ‚nehmen Sie die Kanne und fragen Sie in dem Viertel nach, wo bessere Fräulein in Untermiete wohnen; und wenn eine von ihnen genau so eine Kanne hat, dann erkundigen Sie sich, ob von ihrer Quartierfrau nicht im Mai das Dienstmädchen weggegangen ist. Das ist eine verflixt schwache Spur, aber versuchen können wir's. Gehen Sie nur, Alter, das ist schon Ihr Fall.'

Damit Sie's wissen, ich habe solches Herumraten nicht gern; ein anständiger Detektiv ist doch kein Hellseher oder Planetenverkäufer. Ein Detektiv hat nicht so viel zu spekulieren; manchmal trifft er zufällig das Richtige, aber Zufall, das ist keine ehrliche Arbeit. Ein Fahrschein und eine Teekanne, das ist wenigstens etwas, was ich sehe; doch das andere ist nur... ein Werk der Vorstellungskraft", meinte Herr Soutschek, wobei er sich ein wenig scheute, ein so gebildetes Wort zu gebrauchen.

„Ich fing's also auf meine Art an; ich ging in dem Viertel von Haus zu Haus und fragte, ob es nicht irgendwo so eine Teekanne gibt. Und stellen Sie sich vor, im siebenunddreißig-

sten Haus, wo ich hinkam, sagte mir das Dienstmädchen: ‚Jeje, genau so eine Kanne hat unser Fräulein, die bei unserer Frau wohnt!‘ So ließ ich mich bei der Frau anmelden. Das war eine Generalswitwe, die zwei Zimmer an Fräuleins vermietete; und das eine Fräulein, ein gewisses Fräulein Jakoubek, Englischprofessorin, hatte genau so eine Teekanne. ‚Gnädige Frau‘, fragte ich, ‚ist nicht im Mai ein Dienstmädchen von Ihnen weggegangen?‘ ‚Freilich‘, sagt die Frau, ‚wir haben sie Marie gerufen, aber wie sie sonst geheißen hat, weiß ich nicht mehr.‘ — ‚Und hat sie nicht vorher einmal dem Fräulein eine solche Kanne zerschlagen?‘ — ‚Stimmt‘, wunderte sich die Dame, ‚und hat aus Eigenem eine neue kaufen müssen; aber, du lieber Gott, woher wissen Sie das?‘ ‚Ja, sehen Sie, gnädige Frau, wir erfahren eben alles.‘

Dann ging die Sache schon leichter; zunächst forschte ich das Dienstmädchen aus, welche Maries Freundin gewesen war. — Sie müssen nämlich wissen, jedes Dienstmädel hat immer nur eine Freundin, aber der sagt sie alles — von der habe ich erfahren, daß das Mädel Marie Prajska geheißen hat und aus Holzau stammte; aber vor allem wollte ich wissen, mit welchem Burschen die Marie verkehrt hat. Es soll irgendein Franz gewesen sein; was er war, wußte die Kameradin nicht, aber sie erinnerte sich, mit den beiden einmal im Eden gewesen zu sein und dort soll ein anderer Bursch dem Franz zugerufen haben: Servus, Ferdi! — Das bekam also ein gewisser Herr Fryba von uns ins Referat. Der ist nämlich Kenner von diesen Alias. Und der Fryba sagte sofort: Franz alias Ferdi, das wird der Kroutil aus Branik sein; doch der heißt eigentlich Pastyrik. Herr Kommissär, den gehe ich mir einmal ansehen, aber dazu müssen wir zwei sein. — Ich bin also mitgegangen, obgleich es nicht mein Referat war. Wir ertappten ihn bei seiner Geliebten; das Luder wollte schießen. Dann bekam ihn Kommissär Matitschka in die Arbeit. Herr, niemand weiß, wie der das macht, aber in 16 Stunden hatte er aus diesem Franz alias Pastyrik herausgekriegt, daß er am Feldrain die Marie Prajska erwürgt und um die paar hundert Kronen beraubt hat, gerade als sie aus dem Dienst ging; er hatte ihr nämlich versprochen, sie zu heiraten — das machen sie alle so", fügte er düster hinzu.

Mizzi erbebte. „Peppi", hauchte sie, „das ist fürchterlich."

„Jetzt nicht mehr", sagte Herr Soutschek von der Polizei ernst. „Aber fürchterlich war es, als wir dort auf dem Feld bei ihr standen und nichts anderes hatten als den Kupon und den Fahrschein von der Straßenbahn. Zwei so nichtige und bedeutungslose Papierchen — und trotzdem haben wir die arme Marie gerächt. Ich sage: nichts, nichts soll man wegwerfen; auch die scheinbar überflüssigste Sache kann eine Spur oder ein Zeugnis abgeben. Herr, man weiß nie, was man Wichtiges in der Tasche hat."

Mizzi blickte starr mit tränenverschleierten Augen vor sich hin; doch siehe, jetzt wendet sie den Blick in flammender Ergebenheit ihrem Peppi zu und läßt aus der feuchten Hand den zerknitterten Zettel, den sie die ganze Zeit über nervös zwischen den Fingern gerollt hatte, zu Boden fallen. Peppi sah es nicht, denn er schaute gerade nach den Sternen, aber Herr Soutschek von der Polizei hatte es gesehen und lächelte traurig und verständnisvoll.

OPLATKAS ENDE

Gegen drei Uhr früh bemerkte der Zivilwachmann Krejtschik, daß im Bäckerladen in der Neklangasse Nr. 17 der Rollbalken halb hochgezogen war. Er klingelte also den Hausmeister heraus, und obgleich er nicht Dienst hatte, sah er unter dem Rollbalken in den Laden, ob nicht vielleicht jemand drin wäre. Im gleichen Augenblick stürzte ein Mann aus dem Laden, schoß auf einen halben Schritt Entfernung Krejtschik in den Unterleib und flüchtete.

Der Schutzmann Bartosch, der zu dieser Zeit laut Vorschrift in der Jeronymgasse patrouillierte, hörte den Schuß und lief nach dieser Richtung. An der Ecke der Neklangasse prallte er fast mit dem flüchtenden Mann zusammen; doch ehe er noch „Halt!" rufen konnte, krachte ein Schuß und der Schutzmann Bartosch brach, in den Bauch getroffen, zusammen.

Die Gasse erwachte durch das Schrillen der Polizeipfeifen; im Laufschritt eilten die Streifen aus dem ganzen Revier zusammen, vom Kommissariat kamen drei Mann gelaufen, die sich die Röcke unterwegs zuknöpften, einige Minuten später ratterte das Motorrad von der Direktion an und heraus sprang ein Polizeioffizier; zu dieser Zeit war der Schutzmann Bartosch bereits tot und Krejtschik starb, sich den Bauch haltend.

Bis zum Morgen wurden an die zwanzig Verhaftungen vorgenommen. Man verhaftete blind drauflos, denn niemand hatte den Mörder gesehen; einerseits jedoch mußten die Schutzleute den Tod ihrer zwei Kollegen irgendwie rächen, andererseits wird das in der Regel so gehandhabt: man rechnet damit, daß einer der Verhafteten zufällig nicht dicht hält. Auf der Direktion wurde den ganzen Tag und die ganze Nacht über ununterbrochen verhört; bleich und erschöpft wanden sich die notorischen Verbrecher auf der Folterbank endloser Verhöre, aber noch mehr zitterten sie davor, nach dem Verhör von einigen Polizisten in die Arbeit genommen zu werden; denn in allen Leuten von der Polizei kochte eine dunkle und fürchterliche Wut. Der Mörder des Schutzmannes Bartosch hatte das gewissermaßen familiäre Verhältnis zerstört, das zwischen dem Berufspolizisten und dem Berufsverbrecher besteht. Hätte er nur geschossen, gut! — aber in den Bauch schießen, das tut man nicht einmal einem Tier an.

In der darauffolgenden Nacht, gegen Morgen, wußten bereits alle Schutzleute bis zur äußersten Peripherie, daß Oplatka es getan hatte. Einer der Verhafteten hatte nicht dicht gehalten: Ja, der Valta hat gesagt, daß Oplatka die zwei in der Neklangasse kaltgemacht hat und daß er noch andere um die Ecke bringen werde; ihm sei es einerlei, weil er ohnehin die Galoppierende habe. — Gut, also der Oplatka.

Noch in der gleichen Nacht wurde Valta verhaftet, dann Oplatkas Geliebte und drei Burschen aus Oplatkas Bande; aber keiner konnte oder wollte sagen, wo sich Oplatka aufhielt. Wieviel Schutzleute und Geheime nach Oplatka ausgeschickt wurden, das ist eine Sache für sich; überdies ging jeder Schutzmann nach dem Dienst, kaum daß er daheim seinen Kaffee ausgetrunken und seiner Frau etwas zugebrummt hatte, auf eigene Faust Oplatka suchen. Den Oplatka kannte doch jeder; das war doch dieser grüne Knirps mit dem dünnen Hals.

Gegen elf Uhr nachts warf sich der Schutzmann Vrzal, der um neun Uhr aus dem Dienst heimgekommen war, in Zivil und sagte der Frau, er wolle nur ein wenig auf die Straße gehen. Beim Paradiesgarten begegnete er einem schmächtigen Mann, der sich irgendwie in den Schatten drückte. Der Schutzmann Vrzal ging sich den Burschen, obzwar er unbewaffnet und außer Dienst war, etwas näher ansehen; als er jedoch auf drei Schritte an ihn herankam, langte der Mann in die Tasche, schoß Vrzal in den Unterleib und entfloh. Der Schutzmann griff sich an den Bauch und lief ihm nach; nach hundert Schritten brach er zusammen; doch da schrillten schon die Polizeipfeifen und einige Männer liefen hinter dem flüchtenden Schatten drein. Hinter dem Riegerpark fielen einige Schüsse; eine Viertelstunde später rasten mehrere Autos, mit Wachleuten behängt, nach dem oberen Žižkow, und vier bis fünf Mann starke Patrouillen durchstöberten die Neubauten dieses Viertels. Gegen ein Uhr knallte ein Schuß hinter dem Olschaner Teich; jemand schoß im Laufen hinter einem Burschen her, der von seinem Mädel aus Wackow heimkehrte, traf ihn jedoch nicht. Gegen zwei Uhr sperrte eine Kette von Polizisten und Detektiven den ‚Judenofen' ab und schloß sich Schritt für Schritt enger zusammen. Es begann zu nieseln. Gegen Morgen kam die Nachricht, jemand habe bei Maleschitz auf den Finanzer geschossen, der dort postiert ist; der Finanzer war ihm zwar nachgelaufen, hatte sich aber dann klugerweise gesagt, daß ihn diese Sache nichts angehe. Oplatka war also offenbar in die Felder entwischt.

An sechzig Leute in Helmen und steifen

Hüten kehrten vom ‚Judenofen' heim, durchnäßt und ohnmächtig erbost, daß sie fast das Heulen ankam. Herrgott, ist das nicht zum Wütendwerden! Drei Männer von der Polizei hat der Lump kaltgemacht: Bartosch, Krejtschik und Vrzal, und jetzt läuft er geradeswegs den Gendarmen in die Arme! Wir haben ein Recht auf ihn, meinte die uniformierte Polizei und die in Zivil, und jetzt müssen wir diesen Knirps, diesen elenden Oplatka, den Gendarmen überlassen! Wenn er uns abschießt, so ist das unsere Sache, meinen Sie nicht? Die Gendarmen sollen sich nicht einmengen; sie sollten ihm nur den Weg abschneiden, damit er nach Prag zurück muß —

Den ganzen Tag über war es neblig und kalt; abends in der Dämmerung ging der Gendarm Mrazek aus Tschertschan, wo er sich eine Batterie für das Radio gekauft hatte, nach Pyschel; er war unbewaffnet und pfiff vor sich hin. Wie er so ging, sah er einen kleineren Menschen herankommen, daran war nichts Besonderes; aber der Mann blieb stehen, als zauderte er. Wer das wohl sein mag, sagte sich der Gendarm Mrazek, da aber sah er schon eine kleine Flamme aufblitzen und stürzte, die Hand an die Hüfte gepreßt, zusammen.

Noch am gleichen Abend wurde, versteht sich, die Gendarmerie des ganzen Bezirkes alarmiert. „Hörst du, Mrazek", sagte Kapitän Honzatko zu dem sterbenden Gendarmen, „mach dir nichts draus; Ehrenwort, den Lumpen erwischen wir. Das ist der Oplatka, und ich nehme Gift darauf, daß er sich nach Sobeschau durchschlagen will, weil er dort geboren ist. Weiß der Teufel, warum es die Kerle, wenn es ihnen an den Kragen geht, immer nach Hause zieht. Na also, Wenzel, gib mir die Hand, ich verspreche dir, daß wir ihn kalt machen, und wenn es uns ich weiß nicht was kosten sollte." Wenzel Mrazek bemühte sich um ein Lächeln; er gedachte seiner drei Kinder, doch dann stellte er sich vor, wie man aus allen Richtungen die Gendarmen zusammenziehen würde... vielleicht auch der Toman aus Schwarzkosteletz... der Zawada aus Wotitz kommt bestimmt... Rousek aus Sazawa auch, Kameraden, Kameraden... Wird das schön sein, dachte Wenzel Mrazek, so viele Gendarmen beisammen! Da lächelte Mrazek zum letzten Male; was nachher kam, war nur noch unmenschliche Qual.

Aber in dieser Nacht geschah es, daß es dem Wotitzer Wachtmeister Zawada einfiel, den Nachtzug nach Beneschau zu durchsuchen; wer weiß, vielleicht sitzt der Oplatka drin; verdammt, sollte der sich in den Zug wagen? In den Waggons blinkten die Lichter, die Leute schliefen, auf den Bänken zusammengekauert, wie müde Tiere. Wachtmeister Zawada ging durch die Waggons und dachte sich, der Teufel soll einen Menschen erkennen, den ich nie in meinem Leben gesehen habe! Da sprang einen Schritt vor ihm ein Bursche auf, den Hut in die Stirn gedrückt, ein Schuß knallte, und noch ehe der Wachtmeister in dem engen Gang das Gewehr von der Schulter reißen konnte, war der Mann, den Revolver schwenkend, zum Waggon hinaus. Wachtmeister Zawada hatte noch Zeit „Ihm nach!" zu schreien, dann sank er im Gang aufs Gesicht.

Inzwischen lief der Bursche den Güterwagen zu. Dort ging der Eisenbahner Hruscha mit seiner Laterne und sagte sich: na, wenn der Sechsundzwanziger abgefertigt ist, gehe ich mich in den Lampenraum schlafen legen. Da rannte ein Mann auf ihn zu. Der alte Hruscha sagte nicht einmal „hoppla" und sprang ihm in den Weg; das ist schon so ein männlicher Instinkt. Dann sah er noch etwas aufblitzen und aus war's; der Sechsundzwanziger war noch nicht abgefahren und Vater Hruscha lag bereits im Lampenraum, aber auf einem Brett, und die Eisenbahner kamen, ihn zu sehen, und nahmen die Kappen ab.

Einige Männer liefen zwar keuchend hinter dem fliehenden Schatten her, doch es war schon zu spät; sicherlich war er bereits über die Gleise in die Felder hinaus gelangt. Aber von dort, von dem blinkenden Bahnhof, aus dem Haufen aufgeschreckter Menschen, verbreitete sich in weiten Kreisen über das Land, das im Herbstschlummer dalag, eine wilde Panik. Die Menschen drängten sich in ihre Hütten und wagten sich kaum auf die Schwelle. Da oder dort wollte jemand einen unbekannten und wild aussehenden Mann gesehen haben, er war lang und mager, oder es war so ein Kleiner in Lederjoppe; der Postbote hatte gesehen, wie sich jemand hinter einem Baum verbarg; dem Kutscher Lebeda hatte jemand auf der Straße zugewinkt, er solle stehenbleiben, aber Lebeda hieb auf die Pferde ein und fuhr davon. Tatsächlich hatte es sich ereignet, daß jemand, vor Müdigkeit stöhnend, ein Kind, das zur Schule ging, angehalten und ihm das Bündel mit dem Frühstücksbrot entrissen hatte. „Her damit", röchelte der Mann und rannte mit dem Brot davon. Von da ab verschlossen die Dörfer Tür und Tor und atmeten kaum vor Angst; man wagte kaum, die Nase an die Fensterscheibe zu drücken und argwöhnisch in das graue und menschenleere Land hinauszublicken.

Aber gleichzeitig entwickelte sich eine andere, zentripetale Bewegung. Aus allen Richtungen kamen Gendarmen, einzeln, zu zweit, weiß der Kuckuck, wo ihrer so viele herkamen.

„Herrgott, Mensch“, brüllte Kapitän Honzatko den Gendarmen aus Tschaslau an, „was wollen Sie hier? Wer hat Sie hergeschickt? Glauben Sie denn, wir brauchen für einen Lumpen die Gendarmen aus ganz Böhmen? He?“ Der Gendarm aus Tschaslau nahm den Helm ab und kratzte sich verlegen im Genick. „Wissen Sie, Herr Kapitän“, sagte er mit bittendem Blick, „der Zawada war mein Kamerad ... ich kann es ihm nicht antun, nicht dabei zu sein, Sie begreifen!“ — „Verdammte Kerle“, wetterte der Kapitän, „das sagt mir ein jeder! Schon fünfzig Gendarmen sind ohne Befehl hergekommen — was soll ich mit euch?“ Kapitän Honzatko kaute wütend an seinem Schnurrbart. „Gut, Ihr werdet die Straße von der Kreuzung bis zum Wald besetzen; sagen Sie dem Beneschauer Ulrich, daß Sie ihn ablösen kommen.“ — „Das wird nicht gut gehen“, meinte der Gendarm aus Tschaslau bedächtig. „Herr Kapitän, der Ulrich — versteht sich — pfeift auf meine Ablösung. Da möchte ich schon lieber den Wald vom Rand bis zum zweiten Weg nehmen — wer ist dort?“ — „Semerad aus Weselka“, knurrte der Kapitän. „Hören Sie, Sie Tschaslauer, merken Sie sich: auf meine Verantwortung schießen Sie als erster, wenn Sie jemanden sehen. Ohne Umstände, verstanden? Ich lasse mir meine Leute nicht mehr abknallen. Also marsch!“

Dann kam der Stationsvorstand. „Herr Kapitän“, sagte er, „es sind schon wieder dreißig angekommen.“ „Was, dreißig?“ fuhr der Kapitän los. „Na, Eisenbahner natürlich. Sie wissen doch“, sagte der Stationsvorstand, „Hruschas wegen. Der hat zu uns gehört und da sind sie gekommen, sich Ihnen zur Verfügung zu stellen.“ — „Schicken Sie sie zurück“, brüllte der Kapitän, „ich brauche keine Zivilisten hier.“ Der Stationsvorstand trat unsicher von einem Fuß auf den andern. „Sehen Sie, Herr Kapitän“, meinte er besänftigend, „die kommen bis aus Prag und Mezimosti gefahren. Es ist gut, wenn sie so zusammenhalten. Sie lassen es sich nicht nehmen, weil doch Oplatka einen von ihnen umgebracht hat. Ein gewisses Recht haben sie ja darauf — na also, Herr Kapitän, machen Sie ihnen doch die Freude und nehmen Sie sie mit!“

Kapitän Honzatko knurrte gereizt, man solle ihm heilige Ruhe geben. Im Laufe des Tages zog sich der weite Kreis langsam zusammen. Nachmittag telefonierte das nächste Platzkommando, ob vielleicht militärische Verstärkung notwendig sei. „Nein“, brauste der Kapitän respektlos auf, „das ist unsere Sache, verstanden?“ Inzwischen trafen die Geheimen aus Prag ein; die stritten sich fürchterlich mit dem Gendarmerie-Oberwachtmeister herum, der sie direkt vom Bahnhof zurückschicken wollte. „Was", regte sich Inspektor Holub auf, „uns wollt ihr wegschicken? Er hat uns drei Leute abgeschossen, euch aber nur zwei, ihr Pfuscher! Wir haben ein größeres Recht auf ihn als ihr, ihr Grünen!"

Kaum war es gelungen, diesen Streit zu schlichten, entbrannte ein neuer auf der andern Seite des Kreises: zwischen Gendarmen und Hegern: „Schert euch von hier", erbosten sich die Gendarmen, „das ist keine Hasenjagd." — „Nicht so hurtig", sagten die Heger, „das sind unsere Wälder und wir haben hier ein Recht zu gehen, verstanden!" — „So habt doch Vernunft, Leute", bemühte sich der Sazawaer Rousek, „das ist unsere Angelegenheit, und in die hat sich niemand einzumischen." — „Papperlapapp", meinten die Heger. „Das Kind, dem der Kerl das Brot weggenommen hat, ist das Kleine vom Heger aus Hurka. Das können wir nicht zulassen, und basta!"

An jenem Abend war der Kreis geschlossen; als es dunkel wurde, vernahm ein jeder den heiseren Atem des anderen zu seiner Rechten und zu seiner Linken und das Klatschen der Schritte in der klebrigen Ackererde. „Halt", flog es leise von Mann zu Mann. „Nicht rühren!" Eine drückende und furchtbare Stille entstand, nur ab und zu raschelte dürres Laub inmitten des Kreises oder rauschte nieselnder

Regenschauer, nur ab und zu klatschte der Tritt eines unruhig herumtretenden Mannes oder es klapperte etwas, vielleicht ein Riemen oder ein Gewehr. Gegen Mitternacht brüllte jemand in der Finsternis „Halt!" und schoß; in diesem Augenblick fielen an dreißig Gewehrschüsse durcheinander, alle rannten nach jener Seite, doch da schrien wieder andere: „Zurück! Keinen Schritt vorwärts!" Nur mit Mühe kam alles wieder in Ordnung, der Kreis schloß sich von neuem; aber erst jetzt wurden sich alle bewußt, daß sich da in dem Dunkel vor ihnen ein gehetzter und verlorener Mensch verbarg, der nur lauerte, in irrsinnigem Lauf auszubrechen. Etwas wie ein nicht zu unterdrückendes Zittern lief von Mann zu Mann; zuweilen raschelte ein schwerer Tropfen, als wäre es ein vorsichtiger Schritt. Herrgott, wenn man nur schon sehen könnte! Heiliger Himmel, wenn es nur schon hell würde!

Es begann nebelig zu dämmern. Man unterschied die Umrisse des Nebenmannes und wunderte sich, wie nahe man einander war. Inmitten der Menschenkette hob sich dichtes Buschwerk oder ein Wäldchen ab, doch es war so still dort, so vollkommen still — Kapitän Honzatko zupfte fiebrig an seinem Schnurrbart; Herrgott, sollen wir noch warten oder —

„Ich gehe hin", brauste Inspektor Holub

auf; der Kapitän schnaubte durch die Nase. „Gehen Sie hin", wandte er sich an den nächsten Gendarmen. Fünf Leute stürzten ins Gebüsch, man hörte das Knacken brechender Zweige, und plötzlich war es still. „Dableiben!" rief Kapitän Honzatko seinen Leuten zu und ging langsam zum Gebüsch. Dann tauchte aus dem Gestrüpp der breite Rücken eines Gendarmen auf, der etwas schleppte, einen gekrümmten Körper, dessen Beine der Heger mit dem Seehundschnauzer trug. Hinter ihnen kroch Kapitän Honzatko finster dreinblickend und fahl aus dem Dickicht. „Legt ihn daher", sagte er heiser, fuhr sich über die Stirn, blickte sich wie verwundert nach der zögernden Menschenkette um, machte ein noch finstereres Gesicht und schrie: „Was gafft ihr? Abtreten!"

Irgendwie verlegen schob sich ein Mann nach dem andern an den kleinen, wie geduckt daliegenden Körper heran. Das also war der Oplatka; diese abgezehrte Hand, die aus dem Ärmel herauslugte, dieses schmale, grüne, vom Regen schlüpfrige Gesicht auf dünnem Hals — Herrgott, was ist das doch für ein kleines Stück Mensch, dieser Lump Oplatka! Da hat er einen Einschuß am Rücken, da eine kleine Wunde hinter dem abstehenden Ohr, und hier wieder... Vier, fünf, sieben Schüsse hat er abbekommen! Kapitän Honzatko, der bei dem

Körper kniete, stand auf und räusperte sich bekümmert; dann hob er unsicher und fast scheu die Augen — Hier steht die lange, mächtige Front der Gendarmen, die Gewehre am Riemen, darauf die glänzenden Bajonette; Gott, was für starke Kerle, wie Tanks, und stehen in ausgerichteter Reihe wie bei einer Parade; keiner rührt sich — Auf der andern Seite der schwarze Haufen der Geheimen — untersetzte Burschen, die Taschen angeschwollen von den Revolvern; dann die blauen Eisenbahner, nicht groß, aber zäh, die grünen Heger, sehnige, bärtige, lange Kerle, die Gesichter rot wie Paprika — Das sieht ja aus wie ein feierliches Begräbnis, fuhr es dem Kapitän durch den Kopf; ein Karree, als sollten sie eine Salve abgeben! Kapitän Honzatko nagte an den Lippen in unsinniger und brennender Pein. Der Knirps auf der Erde, steif und zerzaust, ein abgeschossener, kranker Rabe und so viele Jäger! „Verflucht", schrie der Kapitän und biß die Zähne zusammen, „ist kein Sack da? Deckt den Körper zu!"

Zweihundert Mann zerstreuten sich in alle Richtungen; keiner sagte dem anderen ein Wort; sie brummten nur über das schlechte Wetter und antworteten verärgert auf die erregten Fragen: na ja, es ist aus mit ihm und laßt uns schon in Ruhe! Der Gendarm, der als Wache bei der zugedeckten Leiche zurückgeblieben war, fuhr die Gaffer aus dem Dorf wütend an: „Was wollt ihr hier? Hier gibt es nichts zu gaffen! Das ist nichts für euch."

An der Grenze des Bezirkes spuckte der Sazawaer Rousek aus: „Pfui Teufel, Mensch, ich sag dir, ich möcht' mich am liebsten nicht ansehen. Herrgott, wenn ich so allein gegen den Oplatka sein könnte, Mann gegen Mann!"

DAS VERBRECHEN IM DORF

„Angeklagter, stehen Sie auf", sagte der Gerichtsvorsitzende. „Die Anklage beschuldigt Sie also des Mordes an Ihrem Schwiegervater Franz Lebeda; in der Voruntersuchung haben Sie gestanden, ihm dreimal mit der Hacke auf den Kopf geschlagen zu haben in der Absicht, ihn zu töten. Nun, fühlen Sie sich schuldig?"

Der fadenscheinige kleine Mann zitterte und schluckte etwas hinunter. „Nein", brachte er hervor.

„Haben Sie ihn erschlagen?"

„Ja."

„Fühlen Sie sich also schuldig?"

„Nein."

Der Vorsitzende hatte eine Engelsgeduld. „Schauen Sie, Wondratschek", sagte er, „es ist erwiesen, daß Sie ihn bereits einmal vergiften wollten, Sie haben ihm Rattengift in den Kaffee geschüttet. Ist das wahr?"

„Ja."

„Daraus ist ersichtlich, daß Sie ihm schon längere Zeit nach dem Leben trachteten. Haben Sie mich verstanden?"

Der Mann zog durch die Nase hoch und zuckte ratlos mit den Schultern. „Das war wegen dem Klee“, stotterte er. „Er hat den Klee verkauft und ich hab ihm gesagt: ‚Vater, laßt den Klee, ich kaufe Karnickel —‘ “

„Warten Sie“, unterbrach ihn der Vorsitzende. „War das sein Klee oder Ihrer?“

„Na, seiner“, brummte der Angeklagte, „aber wozu braucht er den Klee? Und ich hab ihm gesagt: ‚Vater, laßt mir wenigstens das Feld, wo Ihr den Schneckenklee habt.‘ Aber er sagte: ‚Wenn ich sterbe, so kriegt es die Marie, dein Weib, und dann mach damit, was du willst, du Freßsack, gieriger.‘ “

„Deshalb wollten Sie ihn vergiften?“

„Na ja.“

„Weil er Sie beschimpft hat?“

„Nein. Das war wegen dem Feld. Er hat gesagt, er verkauft das Feld.“

„Aber Mensch“, brachte der Vorsitzende plötzlich vor, „das war doch sein Feld, nicht? Warum hätte er's nicht verkaufen dürfen?“

Der Angeklagte Wondratschek sah den Vorsitzenden vorwurfsvoll an. „Ich hab doch neben dem Feld so einen Streifen Kartoffeln“, erklärte er. „Den hab ich gekauft, damit es einmal mit dem Feld zusammenkommt, und er hat gesagt, was geht mich dein Streifen an, ich verkauf's dem Joudal.“

„Ihr habt also in Unfrieden gelebt", half der Vorsitzende nach.

„Na ja", sagte Wondratschek finster, „das war wegen der Ziege."

„Wegen welcher Ziege?"

„Er hat mir die Ziege ausgemolken. Ich hab ihm gesagt: ‚Vater, laßt die Ziege oder gebt uns ein Stück Wiese beim Bach.' Aber er hat die Wiese verpachtet."

„Und was hat er mit dem Geld gemacht?" fragte einer der Geschworenen.

„Was soll er gemacht haben", erwiderte der Angeklagte düster. „In der Truhe hat er's versteckt. Wenn ich einmal sterb, hat er immer gesagt, dann kriegt ihr's. Aber er wollte nicht sterben. Er war doch schon über siebzig."

„Sie sagen also, daß Ihr Schwiegervater an diesen Streitigkeiten schuld war?"

„Na freilich", meinte Wondratschek zögernd, „er wollte nichts hergeben. ‚Solange ich leb', hat er gesagt, ‚wirtschafte ich und damit basta.' Und ich sagte zu ihm: ‚Vater, wenn Ihr eine Kuh kaufen wolltet, ackere ich das Feld um und dann muß man's nicht verkaufen.' Aber er hat gesagt: ‚Wenn ich gestorben bin, kauf dir meinetwegen zwei Kühe, aber ich verkauf meinen Streifen dem Joudal.' "

„Hören Sie, Wondratschek, haben Sie ihn nicht wegen des Geldes in der Truhe umgebracht?"

„Das war wegen der Kuh", entgegnete Wondratschek verstockt. „Wir haben gedacht, wenn er stirbt, können wir eine Kuh kaufen. So eine Keusche kann nicht ohne Kuh bleiben. Wo soll ich denn den Dünger hernehmen?"

„Angeklagter", unterbrach hier der Staatsanwalt, „uns geht es nicht um die Kuh, sondern um ein Menschenleben. Warum haben Sie Ihren Schwiegervater erschlagen?"

„Das war wegen dem Feld!"

„Das ist keine Antwort!"

„Er wollte das Feld verkaufen —"

„Aber das Geld wäre Ihnen nach seinem Tode ohnehin zugefallen."

„Na ja, aber er wollte nicht sterben", sagte Wondratschek ärgerlich. „Gnädiger Herr, wenn er im Guten gestorben wäre — Ich hab ihm nie was Böses angetan. Das kann das ganze Dorf bezeugen, wie meinen eigenen Vater hab ich ihn gehalten, nicht wahr?" sagte er, sich zum Publikum wendend. Das Auditorium, in dem das halbe Dorf saß, raunte zustimmend.

„Ja", ließ sich der Vorsitzende ernst vernehmen. „Und deshalb wollten Sie ihn vergiften, nicht wahr?"

„Vergiften", brummte der Angeklagte. „Er hätte halt nicht den Klee verkaufen sollen. Gnädiger Herr, das wird Ihnen ein jeder bezeugen, daß der Klee im Haus bleiben soll. Das ist keine Wirtschaft, na nicht?"

Das Auditorium brummte zustimmend.

„Wenden Sie sich mir zu, Angeklagter", rief der Vorsitzende. „Sonst lasse ich Ihre Leute hinausführen. Erzählen Sie uns, wie der Mord geschehen ist."

„Na", begann Wondratschek zögernd, „das war am Sonntag und ich hab gesehen, wie er wieder mit dem Joudal redet. ‚Vater', sag ich zu ihm, ‚das Feld dürft Ihr nicht verkaufen.' Aber er hat gesagt: ‚Freilich, dich werd ich fragen, du Ziegelschupfer.' So hab ich mir gesagt, daß es schon höchste Zeit ist, na nicht? Und bin Holz hacken gegangen."

„War das diese Hacke?"

„Ja."

„Fahren Sie fort!"

„Abends sag ich zum Weib: ‚Geh und nimm die Kinder zur Tante.' Sie hat gleich zu flennen angefangen. ‚Heul nicht', sag ich, ‚ich werd vorerst noch mit ihm reden.' Er ist dann in den Schuppen gekommen und hat gesagt: ‚Die Hacke gehört mir, gib sie her!' Und ich sag, daß er mir die Ziege ausgemolken hat. Darauf wollte er mir die Hacke aus der Hand reißen. Da hab ich auf ihn losgehauen."

„Warum?"

„Das war wegen dem Feld."

„Und weshalb haben Sie ihn dreimal geschlagen?"

Wondratschek zuckte die Achseln. „Das ist schon so... Gnädiger Herr, unsereiner ist schwere Arbeit gewöhnt."

„Und dann?"

„Dann bin ich schlafen gegangen."

„Haben Sie geschlafen?"

„Nein. Ich hab gerechnet, was die Kuh kosten wird und daß ich die Wiese gegen den Zipfel beim Weg umtauschen werde. Dann wird's beisammen sein."

„Und das Gewissen hat Sie nicht gequält?"

„Nein. Mich hat's gequält, daß die Felder nicht beisammen sind. Und dann muß man den Stall für die Kuh herrichten, das wird ein paar Hunderter kosten. Der Schwiegervater hat ja nicht einmal mehr einen Wagen gehabt. Ich hab ihm gesagt: ‚Vater, der Herrgott soll Euch die Sünden verzeihn, aber das ist keine Wirtschaft. Die zwei Felder wollen zusammen, das gibt schon das Gefühl.' "

„Und mit dem alten Mann habt Ihr kein Gefühl gehabt?" donnerte der Vorsitzende.

„Wenn er halt den Streifen dem Joudal verkaufen wollte", stotterte der Angeklagte.

„Sie haben ihn also aus Gewinnsucht ermordet?"

„Das ist nicht wahr", wehrte sich Wondratschek erregt, „das war wegen dem Feld! Wenn die Felder zusammenkommen —“

„Fühlen Sie sich schuldig?“

„Nein.“

„Einen alten Mann ermorden bedeutet für Sie nichts?“

„Ich sag doch, daß es wegen dem Feld war“, fuhr Wondratschek fast schluchzend auf, „das ist doch kein Mord! Jesus Maria, das muß doch ein jeder verstehen! Gnädiger Herr, es war doch in der Familie! Einem Fremden hätt ich's nicht getan... fragen Sie nach dem Wondratschek... und sie haben mich als Dieb verhaftet, als Dieb...“ stöhnte Wondratschek, von Leid gewürgt.

„Nein, aber als Vatermörder“, sagte der Vorsitzende traurig. „Wissen Sie, Wondratschek, daß darauf Todesstrafe steht?“

Wondratschek schneuzte sich und schnaubte durch die Nase. „Das war wegen dem Feld“, sagte er ergeben, worauf die Verhandlung ihren Fortgang nahm: Zeugen, Plaidoyers...

Während sich die Geschworenen zur Beratung über die Schuld des Angeklagten Wondratschek zurückgezogen hatten, starrte der Vorsitzende nachdenklich durchs Kanzleifenster.

„Im großen und ganzen war es schwach“,

brummte der Votant. „Weder hat sich der Staatsanwalt ins Zeug gelegt, noch hat der Verteidiger viel geredet... Kurz, ein aufgelegter Fall, wozu also viele Worte."

Der Gerichtsvorsitzende schnaubte. „Ein aufgelegter Fall", sagte er und tat eine Handbewegung. „Hören Sie, Herr Kollege, der Mensch fühlt sich ebenso im Recht wie ich oder Sie. Mir ist, als sollte ich einen Fleischhauer dafür aburteilen, weil er eine Kuh geschlachtet, oder einen Maulwurf, weil er Maulwurfshügel aufgeworfen hat. Mir war manche Weile zumute, als ob das überhaupt nicht unsere Sache wäre, Sie verstehen, eine Frage des Gesetzes oder des Rechtes. Pfui", seufzte er auf und zog den Talar aus. „Ich muß mich ein wenig ausruhen davon. Ich glaube, die Geschworenen werden ihn freilassen; es ist unsinnig, doch vielleicht lassen sie ihn frei, weil... Ich will Ihnen etwas sagen: ich hab Bauernblut in mir, und wie der Mensch da gesagt hat, daß die Felder zueinander wollen, da... habe ich die zwei Streifen Felder vor mir gesehen und gefühlt, wenn wir... Sie verstehen, nach göttlichem Gesetz richten sollten... dann müßten wir die zwei Felder richten. Wissen Sie, was ich am liebsten getan hätte? Ich wäre am liebsten aufgestanden, hätte das Barett abgenommen und gesagt: ‚Angeklagter Wondratschek, im Namen Gottes, weil vergossenes Blut zum Himmel schreit, wirst du auf den zwei Feldern Bilsenkraut säen; Bilsenkraut und Hagedorn, und bis zu deinem Tode wirst du diese Brachfelder des Hasses vor Augen haben!' Ich möchte nur gern wissen, was der Staatsanwalt dazu gesagt hätte. Herr Kollege, zuweilen sollte Gott richten, wissen Sie, er könnte solche furchtbaren und großen Strafen verhängen — Im Namen Gottes richten, aber dazu sind wir zu winzig — Was, die Geschworenen haben sich schon geeinigt?" Widerwillig seufzend zog der Vorsitzende des Gerichtshofes den Talar an. „Also gehen wir! Führen Sie die Geschworenen herein!"

DAS VERSCHWINDEN DES SCHAUSPIELERS BENDA

Am 2. September verschwand der Schauspieler Benda, genannt Meister Johann Benda, seit der Zeit, da er mit einem einzigen Anlauf eine der höchsten Sprossen des Schauspielerruhmes erklommen hatte. Eigentlich geschah am 2. September gar nichts; die Aufwartefrau, die um neun Uhr früh Bendas Wohnung aufräumen kam, fand ein zerwühltes Bett und die ganze Sauwirtschaft vor, die Benda meist umgab, nur der Herr Meister war nicht daheim; aber weil darin nichts Ungewohntes war, brachte sie die Wohnung in ihrer summarischen Art in Ordnung und ging wieder ihres Wegs. Gut. Aber seit der Zeit blieb Schauspieler Benda verschwunden.

Frau Maresch, die Aufwartefrau nämlich, wunderte sich nicht sonderlich darüber; was wollen Sie, diese Schauspieler sind doch wie die Zigeuner, wer weiß, wohin er wieder spielen oder bummeln gefahren ist. Aber am 10. September ging die Jagd nach dem Schauspieler Benda los, er sollte ins Theater kommen, wo die Proben zu König Lear begannen;

als Benda auch bei der dritten Probe nicht erschien, rief es doch einige Beunruhigung hervor und man telefonierte aus dem Theater Dr. Goldberger an, Bendas Freund, was mit Benda los sei.

Dieser Dr. Goldberger war Chirurg und verdiente eine Menge Geld an Blinddärmen; das ist schon so eine einträgliche Spezialität. Ansonsten war er ein dicker Mensch mit einer dicken goldenen Brille und einem dicken goldenen Herzen; er war Feuer und Flamme für die Kunst, hatte die Wohnung vom Fußboden bis zur Decke mit Bildern behangen und liebte hingebungsvoll den Schauspieler Benda, der freundschaftliche Verachtung für ihn empfand und ihm mit einer gewissen herablassenden Gewogenheit erlaubte, für ihn zu zahlen, was, unter uns gesagt, nicht gerade eine Kleinigkeit war. Die tragische Maske Bendas und Dr. Goldbergers strahlendes Gesicht gehörten zusammen bei all den sardanapalischen Kneipereien und wilden Ausschreitungen, die die andere Seite der Berühmtheit des großen Mimen bildeten, obgleich der Doktor nur Wasser trank.

Diesen Doktor Goldberger also rief man aus dem Theater an, was eigentlich mit Benda los sei. Er antwortete, er habe keine Ahnung, werde aber nach ihm sehen; was er nicht sagte, war, daß er ihn selbst schon die ganze

Woche in sämtlichen Nachtlokalen und Ausflugshotels mit wachsender Beunruhigung suchte; er hatte die drückende Vorahnung, Benda müsse etwas zugestoßen sein. Das war nämlich so: Dr. Goldberger war, soweit er feststellen konnte, der letzte gewesen, der Johann Benda gesehen hatte. Gegen Ende August hatte er mit ihm noch einen Triumphzug durch das nächtliche Prag unternommen, aber dann war Benda zu keiner der gewohnten Zusammenkünfte mehr gekommen. Vielleicht ist er krank, sagte sich schließlich Dr. Goldberger, und fuhr eines Abends in Bendas Wohnung; das war gerade am 1. September. Er klingelte an der Tür; niemand kam öffnen, aber drinnen hörte man ein Geräusch. Da klingelte der Doktor volle fünf Minuten; plötzlich ließen sich Schritte vernehmen und die Tür ging auf; Benda stand im Schlafrock in der Tür, und Dr. Goldberger erschrak vor ihm, so verwildert sah der berühmte Schauspieler aus, so verfallen und schmutzig; die Haare waren zerzaust und verklebt und der Bart sicher eine Woche lang nicht rasiert. „Sie sind's", sagte er unfreundlich, „was wollen Sie?"

„Um Gottes willen, was ist denn los mit Ihnen?" rief der Doktor erstaunt aus.

„Nichts", knurrte Benda. „Ich gehe nirgends hin, verstanden? Geben Sie mir Ruhe!"

Und warf Goldberger die Tür vor der Nase zu. Am Tage darauf war er verschwunden.

Dr. Goldberger stierte besorgt durch die dicken Gläser. Etwas war da nicht in Ordnung. Von Bendas Hausbesorger erfuhr er nur, daß einmal des Nachts, es mochte gerade am 2. September gewesen sein, etwa gegen drei Uhr früh ein Auto vor dem Hause gehalten habe; doch sei niemand ausgestiegen, nur gehupt sei worden, als wollte man jemandem im Hause ein Signal geben. Dann sei zu hören gewesen, daß jemand das Haus verlasse und die Tür hinter sich zuschlage, worauf das Auto weitergefahren sei. Was für ein Auto es gewesen war, wisse der Hausbesorger nicht, denn um drei Uhr morgens kriecht kein Mensch aus dem Bett, wenn er nicht gerade muß. Aber gehupt habe man, als ob die Leute schreckliche Eile gehabt und nicht einen Augenblick hätten warten können.

Frau Maresch sagte aus, der Meister habe die ganze Woche seine Wohnung nicht verlassen, außer vielleicht bei Nacht, habe sich nicht rasiert und vielleicht nicht einmal gewaschen, zumindest sah er so aus; das Essen habe er sich in die Wohnung bringen lassen, habe eine Unmenge Kognak getrunken und sich auf dem Diwan herumgewälzt; das wäre alles. Jetzt, wo sich um Bendas Verschwinden auch andere Leute zu kümmern begannen,

„Nein“, sagte der Doktor rasch; Johann Benda hatte zwar Schulden wie Heu, doch er nahm sie keineswegs tragisch.

„Oder... sagen wir irgendeinen persönlichen Skandal... unglückliche Liebe oder eine Krankheit oder überhaupt eine größere Sorge?“

„Soviel ich weiß, nicht“, meinte Dr. Goldberger zögernd. Er erinnerte sich dabei an ein, zwei Sachen, doch er verschluckte es rasch — übrigens hatte das alles schwerlich etwas mit dem unbegreiflichen Verschwinden des Schauspielers Benda zu tun. Trotzdem ließ er sich, als er von der Polizei heimkam — selbstverständlich würde die Polizei unternehmen, was in ihrer Macht liegt — durch den Kopf gehen, was er über Benda in dieser Hinsicht wußte. Viel war es nicht!

Erstens hatte Benda irgendwo im Ausland eine legitime Gattin, um die er sich allerdings nicht kümmerte.

Zweitens hielt er irgendein Mädel in Holeschowitz aus.

Drittens hatte er ein Verhältnis, und zwar ein sogenanntes ärgerniserregendes, mit Frau Grete, der Gattin des Großfabrikanten Korbel; Frau Grete wollte unter allen Umständen zum Theater, und darum finanzierte Herr Korbel einige Filme, in denen seine Frau natürlich die Hauptrolle spielte. Es war also bekannt, daß Benda der Geliebte der Frau Grete war, daß Frau Grete ihm oft nachfuhr und sich nicht einmal sonderlich in acht nahm, wie es sich gehören würde. Übrigens sprach Benda niemals über diese Dinge; er verachtete alles, halb mit majestätischer Würde, halb mit einem Zynismus, der Dr. Goldberger einen Schauer über den Rücken laufen ließ.

Nein, sagte sich Dr. Goldberger hoffnungslos, in den Privatangelegenheiten Bendas kennt sich kein Mensch aus. Hol mich der Teufel, wenn da nicht eine häßliche Geschichte dahinter steckt — doch das ist jetzt schon Sache der Polizei.

Dr. Goldberger wußte natürlich nicht, was die Polizei unternehmen und welche Wege sie gehen werde: er wartete mit wachsendem Kleinmut auf irgendeine Nachricht. Inzwischen war ein Monat seit dem Verschwinden des Schauspielers Benda verflossen und man begann von ihm bereits in der Vergangenheit zu reden.

Einmal gegen Abend traf Dr. Goldberger den alten Schauspieler Lebduschka, und wie er so ins Gespräch kam, geriet die Rede, versteht sich, auf Benda. „Das war ein Schauspieler“, schwatzte der alte Lebduschka darauflos. „Ich erinnere mich noch, wie er fünfundzwanzig Jahre alt war. Verflixter Kerl, der hat einen Oswald hingelegt! Wissen Sie, daß junge Mediziner hinkamen, um zu sehen, wie eine Paralyse aussieht? Damals spielte er zum ersten Male den König Lear; hören Sie, ich weiß nicht, wie er spielte, weil ich ihm immerzu auf die Hände sah. Er hatte Hände wie ein achtzigjähriger Großvater, ausgemergelte, abgezehrte, armselige Hände, also ich begreife bis heute nicht, wie er sich diese Hände gemacht hat. Ich verstehe mich auch auf Maske, aber das, Herr, das macht ihm keiner nach. Das kann nur ein Schauspieler richtig einschätzen."

Dr. Goldberger bereitete es ein melancholisches Vergnügen, diesem Schauspielernekrolog auf Johann Benda zu lauschen.

„Er war ein gründlicher Spieler, Herr", seufzte der alte Lebduschka. „Wie er den Theaterschneider schikanierte! ‚Ich werde euch keinen König spielen', schrie er, ‚wenn man mir auf den Rock solche schäbige Spitzen gibt!' Der duldete keinen Theaterschwindel an sich! Als er den Othello spielen sollte, rannte er alle Antiquitätenhändler ab, bis er endlich einen alten Renaissancering fand; und den mußte er am Finger haben, wenn er den Othello spielte. ‚Ich spiele viel besser', sagte er, ‚wenn ich etwas Echtes an mir habe.' Das war kein Spiel mehr, das war geradezu... eine leibhaftige Verkörperung", sagte Lebduschka, unsicher, ob er auch das rechte Wort verwendet habe. „Und wenn er spielte, war er in den Pausen gemein wie ein Kutscher und sperrte sich in seiner Garderobe ein, damit ihn niemand aus seinem Zustand reiße. Deshalb trank er so viel, weil es ihm auf die Nerven ging“, meinte Lebduschka nachdenklich. „Ich gehe hier ins Kino, Herr“, sagte er zum Abschied.

„Ich gehe mit“, schlug Dr. Goldberger vor, der nicht wußte, wie er den Abend totschlagen sollte. Man gab einen Seemannsfilm, aber Dr. Goldberger wußte nicht einmal recht, worum es sich handelte. Fast mit Tränen in den Augen hörte er zu, wie der alte Lebduschka von Johann Benda schwatzte.

„Das war kein Schauspieler“, sagte Lebduschka, „das war ein Teufel, dem genügte nicht ein einziges Leben, das ist es. Im Leben war er ein Schwein, Herr Doktor, aber auf der Bühne war er ein wirklicher König oder ein wirklicher Strolch. Herr, wie der mit der Hand winken konnte, als ob er sein ganzes Leben nur befehle; und dabei war sein Vater ein umherziehender Scherenschleifer gewesen. Sehen Sie nur den Schiffbrüchigen dort, er ist auf einer kahlen Insel, und dabei hat er gepflegte Fingernägel, der Trottel. Merken Sie, wie er den Bart bloß angeklebt hat? Wenn Benda den gespielt hätte, würde er sich einen Bart haben wachsen lassen und unter den Nägeln hätte er echten Schmutz... Was ist denn, Herr Doktor, was ist denn auf einmal los mit Ihnen?"

„Entschuldigen Sie", stotterte Dr. Goldberger und stand auf, „aber ich habe mich an etwas erinnert. Ich danke Ihnen", und schon rannte er aus dem Kino. Benda würde sich einen wirklichen Bart wachsen lassen, wiederholte er. Benda hat sich einen echten Bart wachsen lassen! Daß mir das nicht früher eingefallen ist!

„Zum Gendarmeriekommando!" rief er, als er sich in das nächste Taxi warf, und als er zum Wachtmeister vorgedrungen war, der Nachtdienst hatte, forderte er mit großem Geschrei und Bitten, daß man ihm um Himmels willen gleich, aber sogleich feststelle, ob nicht am 2. September oder etwas später irgendwo die Leiche eines unbekannten Landstreichers aufgefunden worden sei, ja, irgendwo, bitte! Wider alles Erwarten ging der Wachtmeister wirklich nachsehen oder fragen, mehr aus Langeweile denn aus Diensteifer oder Interesse, indes Dr. Goldberger vor Aufregung schwitzte — denn ihm dämmerte etwas Furchtbares.

„So, Herr", sagte der Wachtmeister zurückkommend, „am 2. September fand ein Heger im Wald bei Kreuzenstein die Leiche eines unbekannten Landstreichers, etwa vierzig Jahre alt; am 3. September wurde die Leiche eines unbekannten Mannes bei Leitmeritz aus der Elbe gezogen, Alter ungefähr dreißig Jahre, war mindestens vierzehn Tage im Wasser; am 10. September bei Deutschbrod ein unbekannter Erhängter, etwa sechzig Jahre..."

„Ist über den Landstreicher nichts Näheres bekannt?" fragte Dr. Goldberger atemlos.

„Mord", sagte der Wachtmeister, den aufgeregten Doktor aufmerksam betrachtend. „Nach der Meldung der Gendarmeriestation war der Schädel mit einem stumpfen Gegenstand eingeschlagen. Der Sezierbefund lautet: Alkoholiker, Todesursache: Gehirnverletzung. Hier ist die Fotografie", sagte der Wachtmeister und fügte kennerhaft hinzu: „Herrgott, den haben sie zugerichtet!"

Auf der Fotografie sah man den Körper eines Mannes bis zu den Hüften, er war in lausige Hadern gekleidet, mit einem offenen Kalikohemd, dort, wo die Menschen Stirn und Augen haben, war nur ein furchtbarer Klumpen verfilzter Haare und etwas, was vielleicht Haut oder Knochen sein mochte; nur das struppige, mit Stoppeln bewachsene Kinn und der halboffene Mund hatten noch etwas Menschenähnliches. Dr. Goldberger zitterte wie Espenlaub. Ist es... könnte das vielleicht Benda sein?

„Hatte... hatte er ein besonderes Merkmal?" brachte er bestürzt hervor.

Der Wachtmeister sah in irgendeinem Akt nach. „Hm, Größe ein Meter achtundsiebzig, grau meliertes Haar, Zähne auffallend schlecht..."

Doktor Benda atmete laut auf: „Dann ist er es nicht. Benda hatte gesunde Zähne wie ein Tier. Das ist er nicht. Verzeihen Sie", stammelte er selig, „daß ich Sie belästigt habe, aber das kann er nicht sein, das ist ausgeschlossen."

Das ist ausgeschlossen, sagte er sich erleichtert, als er heimging. Möglich, daß er lebt; vielleicht, o Gott, vielleicht sitzt er schon im „Olympia" oder bei der „Schwarzen Käthe"...

In dieser Nacht unternahm Dr. Goldberger wieder einen Ausflug durch das nächtliche Prag, trank ein Glas Wasser in jedem Lokal, wo früher Benda residiert hatte, und suchte durch seine Brille alle Ecken ab, doch Benda war nirgends. Gegen morgen erbleichte Dr. Goldberger, sagte sich laut, daß er ein Idiot sei und rannte in seine Garage.

Zeitig früh war er bereits auf einer Bezirkshauptmannschaft und ließ den Hauptmann wecken; zum Glück erwies sich, daß er diesen Herrn schon einmal eigenhändig ausgeweidet, vernäht und ihm zum Andenken den in Spiritus eingelegten Blinddarm verehrt hatte. Auf Grund dieser keineswegs oberflächlichen Bekanntschaft hatte er in zwei Stunden die Exhumierungsbewilligung in der Hand und sah an der Seite des sehr verärgerten Bezirksarztes der Ausgrabung der Leiche des unbekannten Landstreichers zu.

„Ich sage Ihnen doch, Herr Kollege", brummte der Bezirksarzt, „nach dem hat sich bereits die Prager Polizei erkundigt! Vollkommen ausgeschlossen, daß es der Benda ist. Der da war doch ein ganz schmutziger Lump."

„Hatte er Läuse?" fragte Dr. Goldberger voll Interesse.

„Das weiß ich nicht", sagte der Arzt mit Widerwillen. „Herr Kollege, jetzt erkennen Sie nichts mehr an ihm; ich bitte Sie, wenn so was einen Monat in der Erde liegt —"

Als das Grab geöffnet war, mußte Dr. Goldberger um Schnaps schicken, sonst hätte er die Totengräber nicht dazu veranlassen können, das Unaussprechliche, das in einen Sack eingenäht auf dem Boden des Grabes lag, aufzuheben und in die Leichenkammer zu tragen.

„Gehen Sie sich's allein ansehen", fuhr der Bezirksarzt Dr. Goldberger an und blieb, eine starke Zigarre rauchend, vor der Leichenkammer.

Nach einer Weile wankte Dr. Goldberger totenbleich heraus. „Kommen Sie hinein", sagte er heiser, ging zur Leiche zurück und zeigte auf die Stelle, die ehemals der Kopf eines Menschen war. Dr. Goldberger schob mit einer Pinzette das zurück, was einmal die Lippen gewesen waren, es zeigten sich widerlich schlechte Zähne oder richtiger gelbe Stücke von Zähnen, die aus der schwarzen Zahnfäule hervorblitzten. „Schauen Sie gut hin“, stöhnte Dr. Goldberger, fuhr mit der Pinzette zwischen die Zähne und nahm etwas Schwarzes heraus. Darunter zeigten sich zwei starke, blendend weiße Schneidezähne. Aber länger hielt es Dr. Goldberger nicht aus; er floh aus der Kammer.

Als er nach einer Weile zum Bezirksarzt zurückkam, war er blaß und furchtbar traurig. „Da haben Sie also die auffallend verdorbenen Zähne, Herr Kollege“, sagte er leise. „Das war nur das schwarze Pech, das sich Schauspieler an die Zähne kleben, wenn sie Großväter oder Vagabunden spielen. Dieser schmutzige Lump war ein Schauspieler, Herr Kollege“, und hoffnungslos mit der Hand abwinkend, setzte er hinzu: „Und dazu noch ein großer.“

An jenem Tage erschien Dr. Goldberger beim Fabrikanten Korbel; das war ein hoher und starker Mensch mit einem Kinn wie eine Galosche und einem Körper wie ein Pfeiler.

„Herr", sagte Dr. Goldberger zu ihm und blickte gesammelt durch seine runden Gläser, „ich komme zu Ihnen ... in Sache des Schauspielers Benda."

„Aber", meinte der Fabrikant und verschränkte die Hände hinter dem Kopf, „ist er wieder aufgetaucht?"

„Teilweise", entgegnete Dr. Goldberger. „Ich denke, es wird Sie interessieren ... schon wegen des Films, den Sie mit ihm drehen ... das heißt finanzieren wollten."

„Wegen welchen Films?" fragte der große Mann gleichgültig. „Ich weiß von nichts."

„Ich meine den Film", sagte Dr. Goldberger hartnäckig, „in dem Benda den Landstreicher spielen sollte ... und Frau Grete die weibliche Hauptrolle. Eigentlich hätte die Sache Frau Gretes wegen gedreht werden sollen", meinte der Doktor unschuldig.

„Das geht Sie nichts an", knurrte Korbel. „Wahrscheinlich hat Ihnen Benda etwas vorgeschwatzt ... Das war nur so ein verfrühtes Gerede. Vielleicht bestand irgend so ein Plan ... das hat Ihnen wohl Benda erzählt, nicht?"

„Woher denn! Sie haben ihm doch aufgetragen, niemandem auch nur ein Wort davon zu sagen, so geheimnisvoll habt ihr damit getan! Sie müssen nämlich wissen, Benda hat sich in der letzten Woche seines Lebens Bart und Haare wachsen lassen, um wie ein Stromer auszusehen. Benda hat solche Einzelheiten sehr gründlich genommen, nicht?"

„Ich weiß nicht", schnitt der Fabrikant das Gespräch ab. „Wünschen Sie noch etwas?"

„Der Film sollte aber am 2. September gedreht werden, stimmt das? Die erste Szene sollte im Kreuzensteiner Wald bei Sonnenaufgang spielen; der Landstreicher erwacht am Rande des Holzschlages... im Morgennebel... schüttelt sich Blätter und Nadeln aus seinen Fetzen... Ich stelle mir vor, wie Benda das gespielt hätte. Ich weiß, daß er sich die ärgsten Lumpen und Treter angezogen hätte; auf dem Dachboden hatte er ja eine ganze Kiste davon. Deshalb fehlte auch nach seinem... Verschwinden nicht ein einziges Stück von seiner Wäsche und seinen Kleidern — mein Gott, daß das niemandem eingefallen ist! Herr, es ließ sich doch annehmen, daß er sich bis auf den letzten Flicken am Ärmel und auf den Strick um die Hüfte wie ein echter Strolch herrichten würde, es war doch sein Steckenpferd, sich das Kostüm recht angelegen sein zu lassen."

„Und weiter", sagte der große Mann und zog sich mehr in den Schatten zurück. „Ich begreife nämlich nicht, warum Sie mir das alles erzählen."

„Weil Sie am 2. September, etwa um drei Uhr früh", fuhr Dr. Goldberger hartnäckig fort, „ihn abholen gekommen sind... wahrscheinlich in einem geliehenen, bestimmt aber geschlossenen Auto; ich glaube, Ihr Bruder lenkte, denn der ist Sportler und redet nicht viel. Wie mit Benda vereinbart war, gingen Sie nicht hinauf, sondern gaben unten Hupensignale. In einer Weile kam Benda... oder, genauer gesagt, ein schmutziger und struppiger Stromer. ‚Also rasch', sagten Sie zu ihm, ‚der Kameramann ist schon vorausgefahren.' Und dann fuhren Sie in die Kreuzensteiner Wälder."

„Die Wagennummer wissen Sie offenbar auch", sagte der Mann im Schatten ironisch.

„Wenn ich sie wüßte, wären Sie bereits verhaftet", meinte Dr. Goldberger sehr klar. „Bei Sonnenaufgang waren Sie zur Stelle; es ist ein Holzschlag oder eher ein Wäldchen aus hundertjährigen Eichen — eine wunderschöne Szenerie, Herr! Ich nehme an, Ihr Bruder blieb beim Wagen auf der Straße und tat so, als richte er etwas am Motor. Sie führten Benda vierhundert Schritte abseits und sagten: ‚So, da wären wir.' ‚Und wo ist der Operateur?' besann sich Benda plötzlich. In diesem Augenblick versetzten Sie ihm den ersten Schlag."

„Womit?“ ließ sich der Mann im Schatten vernehmen.

„Mit einem bleiernen Totschläger“, sagte Dr. Goldberger, „denn der Schraubenschlüssel wäre für so einen Schädel, wie ihn Benda hatte, zu leicht gewesen, und Sie wollten ihn doch bis zur Unkenntlichkeit zertrümmern. Als Sie ihn totgeschlagen hatten, gingen Sie zum Wagen zurück. ‚Fertig?‘ fragte Ihr Bruder. Doch Sie werden ihm wohl kaum geantwortet haben, denn einen Menschen ermorden ist keine Kleinigkeit.“

„Sie sind verrückt geworden“, brauste der Mann im Schatten auf.

„Nein, ich wollte Ihnen nur in Erinnerung bringen, wie es sich ungefähr abgespielt hat. Sie wollten Benda wegen des Skandals mit Frau Grete beseitigen; Frau Grete hat die Sache schon gar zu öffentlich getrieben —“

„Sie Schwein“, tobte der Mann im Lehnstuhl, „was erlauben Sie sich —“

„Ich habe keine Angst vor Ihnen“, sagte Dr. Goldberger, die Brille zurechtrückend, um strenger auszusehen. „An mich kommen Sie nicht heran, Herr, und wenn Sie noch so reich wären. Womit könnten Sie mir schaden? Es sei denn, daß Sie sich nicht Ihren Blinddarm bei mir schneiden lassen! Und das würde ich Ihnen auch gar nicht raten.“

Der Mann im Schatten lachte leise auf.

„Hören Sie, Mensch", sagte er mit einer gewissen Fröhlichkeit, „wenn Sie nur ein Zehntel dessen, was Sie mir da vorgeschwätzt haben, sicher wüßten, würden Sie damit nicht zu mir, sondern zur Polizei gehen, nicht wahr?"

„Das ist es eben", meinte Dr. Goldberger sehr ernst. „Herr, wenn ich nur ein Zehntel beweisen könnte, wäre ich nicht hier. Ich glaube, es wird sich nie mehr beweisen lassen, nicht einmal, daß der verfaulte Vagabund Benda ist. Eben deshalb bin ich gekommen."

„Sie drohen wohl?" warf der Mann im Lehnstuhl ein und langte nach der elektrischen Klingel.

„Nein, sondern ich schrecke. Herr, Sie haben sicher kein allzu empfindliches Gewissen, dafür sind Sie viel zu reich. Aber daß jemand anderer das ganze Furchtbare kennt, daß jemand weiß, daß Sie ein Mörder sind, daß Ihr Bruder ein Mörder ist, daß Sie den Schauspieler Benda ermordet haben, den Sohn eines Scherenschleifers, den Komödianten, Sie beide, die zwei Fabrikanten, d a s, Herr, wird bis zu Ihrem Tode Ihr großherrliches Gleichgewicht stören. Solange ich lebe, werden Sie beide keine Ruhe finden. Herr, ich möchte Sie am Galgen sehen, solange ich lebe, werde ich Ihnen alles vergällen... Benda war ein böses Tier. Herr, ich weiß am besten, wie böse, aufgeblasen, zynisch, schamlos er war, und

zweiten. Darum lief Herr Tomsa ans Telefon und rief das Polizeikommissariat an: „Hallo, schicken Sie rasch jemanden her, soeben wurde ein Mordversuch gegen mich unternommen."

„Wo ist das?" fragte eine verschlafene und gleichgültige Stimme.

„Bei mir", regte sich Herr Tomsa auf, als ob die Polizei daran schuld wäre. „Ein Skandal, so ohne weiteres zu schießen, auf einen ruhigen Bürger, der daheim sitzt! Herr, diese Sache muß aufs strengste untersucht werden! Das könnte noch so fehlen, daß..."

„Schon gut", beruhigte die verschlafene Stimme. „Ich schicke Ihnen jemanden hin."

Der Herr Rat wütete vor Ungeduld, es schien ihm, als dauerte es eine Ewigkeit, bis dieser Jemand endlich angekrochen kam. In Wirklichkeit war binnen zwanzig Minuten bereits ein bedächtiger Herr Polizeiinspektor bei ihm und betrachtete mit Interesse das durchschossene Fenster.

„Da hat Ihnen jemand hereingeschossen, Herr", sagte er sachlich.

„Das weiß ich selbst", fuhr Herr Tomsa auf, „ich bin doch beim Fenster gesessen!"

„Kaliber sieben Millimeter", sagte der Inspektor, als er mit seinem Messer die Kugel aus der Tür herausstemmte. „Sieht aus, wie aus einem alten Armeerevolver. Sehen Sie, der Kerl muß dort am Zaun gestanden sein, wäre er auf dem Gehsteig postiert gewesen, würde die Kugel höher stecken. Das bedeutet, daß er auf Sie gezielt hat, Herr."

„Merkwürdig", meinte Herr Tomsa bitter, „fast hätte ich gedacht, er wollte nur die Tür treffen."

„Und wer hat es getan?" fragte der Inspektor, ohne sich stören zu lassen.

„Entschuldigen Sie", sagte der Herr Rat, „daß ich Ihnen nicht seine Adresse geben kann; ich habe den Herrn nicht gesehen und vergessen, ihn einzuladen."

„Schwierige Sache", meinte der Inspektor ruhig, „und wen haben Sie im Verdacht?"

Herrn Tomsa riß die Geduld. „Was für einen Verdacht?" legte er gereizt los. „Mensch, ich habe doch den Lumpen nicht gesehen, und wenn er auch liebenswürdigerweise gewartet hätte, bis ich ihm durch das Fenster eine Kußhand zuwerfe, hätte ich ihn im Finstern kaum erkannt. Herr, wenn ich wüßte, wer es gewesen ist, würde ich Sie nicht erst herbemüht haben, meinen Sie nicht?"

„Na ja", entgegnete der Inspektor besänftigend. „Doch vielleicht erinnern Sie sich an jemanden, dem Ihr Tod Vorteil bringen könnte oder der sich an Ihnen für irgendwas rächen wollte... Sehen Sie, das war kein Raubversuch, so ein Räuber, der schießt nicht, wenn er nicht muß. Aber vielleicht hat jemand große Wut auf Sie. Das müssen Sie uns sagen, Herr, und wir untersuchen es."

Herr Tomsa fuhr zusammen. Von dieser Seite hatte er die Sache noch nicht betrachtet. „Ich habe keine Ahnung", sagte er zögernd, mit einem Blick sein ruhiges Leben eines Beamten und alten Junggesellen prüfend. „Wer könnte nur so wütend auf mich sein?" wunderte er sich. „Wahrhaftig, ich bin mir nicht bewußt, auch nur einen einzigen Feind zu haben. Das ist ganz ausgeschlossen", meinte er kopfschüttelnd. „Ich habe doch mit keinem Menschen auch nur den geringsten Zwist; ich lebe für mich allein, gehe nirgends hin, menge mich in nichts ein... Wofür könnte sich jemand an mir rächen?"

Der Inspektor zuckte die Achseln: „Das weiß ich nicht, Herr, aber vielleicht fällt es Ihnen bis morgen ein. Werden Sie sich jetzt nicht fürchten?"

„Nein", sagte Herr Tomsa nachdenklich. Merkwürdig, sagte er zu sich, als er allein war, weshalb, ja, weshalb sollte jemand auf mich schießen? Ich bin doch fast ein Einsiedler, erledige meine Arbeit im Amt und gehe nach Hause; ich habe doch eigentlich mit keinem Menschen was zu schaffen. Weshalb also wollte man mich erschießen? Er wunderte sich mit wachsender Bitterkeit über diesen Undank; langsam begann er sich selbst leid zu tun. Man schindet wie ein Pferd, sagte er sich, selbst die Akten nimmt man mit nach Hause, spart, hat nichts vom Leben, lebt wie eine Schnecke in ihrem Haus, und bums! kommt einen jemand abknallen. Du mein Gott, welch merkwürdige Bosheit doch in den Menschen steckt, staunte der Herr Rat beklommen. Habe ich jemandem was zuleide getan? Warum haßt mich jemand so furchtbar, so wahnsinnig?

Vielleicht ist es ein Irrtum, beruhigte er sich selbst, während er mit einem ausgezogenen Schuh in der Hand auf dem Bettrand saß. Aber selbstverständlich, bestimmt ist es ein Irrtum in der Person. Der Betreffende hat mich einfach für jemand anderen gehalten, auf den er es abgesehen hatte! Das ist die Wahrheit, sagte er voll Erleichterung, denn warum sollte mich jemand so hassen?

Der Schuh entfiel der Hand des Herrn Rats. Nun ja, erinnerte er sich plötzlich etwas verlegen, da unlängst habe ich eine dumme Geschichte angestellt, aber das ist mir nur so herausgerutscht; ich unterhielt mich mit Freund Roubal und da entschlüpfte mir eine ungeschickte Anspielung auf seine Frau. Alle Welt weiß doch, daß ihn das Frauenzimmer bei jeder Gelegenheit betrügt; auch er weiß davon, will sich's aber nicht anmerken lassen.

Und ich, ich Maulesel, schwatze so dumm davon... Der Herr Rat erinnerte sich, wie der Roubal nur so geschluckt und die Nägel in die Handfläche gegraben hatte. Gott, sagte er sich voll Schrecken, wie sich der Mensch dadurch verletzt gefühlt hat! Er liebt doch die Frau wie ein Narr! Natürlich versuchte ich dann, darüber hinwegzureden, aber wie er sich dabei auf die Lippen gebissen hat! Der hat gewiß allen Grund, mich zu hassen, meinte der Herr Rat betrübt. Ich weiß, es ist ausgeschlossen, daß er nach mir geschossen hat, aber ich würde mich nicht einmal sehr wundern...

Herr Tomsa sah bestürzt zu Boden. Oder der Schneider da, erinnerte er sich voll Unbehagen. Fünfzehn Jahre habe ich bei ihm nähen lassen, und dann hat man mir gesagt, er sei schwer schwindsüchtig. Das ist begreiflich... Natürlich hat man Angst, Anzüge zu tragen, in die ein Schwindsüchtiger beim Nähen hineingehustet hat; so hörte ich auf, bei ihm arbeiten zu lassen... Und neulich kam er bitten, er habe nichts zu beißen, seine Frau sei krank und seine Kinder müßte er aufs Land geben, ich möchte ihn also wieder mit meinem Vertrauen beehren. Du lieber Himmel, war der Mensch blaß, und wie er krankhaft schwitzte! „Herr Kolinsky", sagte ich zu ihm, „sehen Sie, es geht nicht, ich brauche einen besseren

Schneider, ich war mit Ihnen nicht zufrieden." — „Ich werde mich bemühen, Herr", stotterte der Mensch, schwitzte vor Angst und Verlegenheit und war den Tränen nahe. Und ich, erinnerte sich der Herr Rat, habe ihn natürlich mit so einem: „Na, wir werden ja sehen", das diese armen Teufel so gut kennen, weggeschickt. Der Mensch könnte mich hassen, erschrak der Herr Rat, es ist doch furchtbar, zu jemandem förmlich um sein Leben bitten gehen zu müssen und so gleichgültig abgefertigt zu werden! Aber was hätte ich mit ihm tun sollen? Ich weiß, er hat es nicht getan, aber...

Dem Herrn Rat wurde immer drückender zumute. Das war auch so peinlich, erinnerte er sich, wie ich vor kurzem unsern Amtsdiener beschimpft habe. Ich konnte einen Akt nicht finden und da habe ich den Alten gerufen und ihn wie einen Jungen angeschrien und noch dazu vor Leuten: „Was ist das für eine Ordnung hier, Sie Idiot, überall haben Sie so einen Saustall, eigentlich sollte ich Sie hinauswerfen." — Und dann habe ich den Akt in meinem eigenen Fach gefunden! Und der Alte hat nicht gemuckt, hat nur gezittert und die Augen niedergeschlagen. — Den Herrn Rat überlief quälende Hitze. Man entschuldigt sich doch nicht bei seinem Untergebenen, sagte er unzufrieden zu sich, auch wenn man ihm ein wenig Unrecht getan hat. Aber wie diese Untergebenen ihre Herren hassen müssen! Halt, ich gebe dem Alten ein paar abgetragene Anzüge; doch eigentlich ist auch das für ihn demütigend...

Der Herr Rat hielt es im Liegen nicht mehr aus, selbst die Decke drückte ihn. Er setzte sich im Bett auf, und starrte, die Knie umfassend, in die Finsternis. Oder der Fall mit dem jungen Morawek bei uns im Amt, fiel ihm peinigend ein. Der ist doch ein gebildeter Mensch und schreibt Gedichte. Und als er mir neulich einen Akt falsch erledigt hat, sagte ich zu ihm: „Arbeiten Sie's um, Herr Kollege", und wollte ihm den Akt auf den Tisch werfen, aber er fiel ihm zu Füßen und da bückte er sich danach, puterrot, mit brennenden Ohren. Ich könnte mir ein paar Ohrfeigen geben, brummte der Herr Rat. Eigentlich habe ich den Jungen ganz gern, und ihn so zu demütigen, wenn auch unabsichtlich...

Dem Herrn Rat kam ein anderes Gesicht in den Sinn: das bleiche und hohle Gesicht des Kollegen Wankel. Der arme Wankel, sagte er sich, der dachte, statt meiner Amtsvorstand zu werden, das gäbe jährlich einige Hunderter mehr, und er hat doch sechs Kinder. Seine älteste Tochter möchte er singen lernen lassen, aber es reicht nicht dazu, und ich habe ihn überholt, weil er so ein schwerfälliger Tropf ist. Er hat eine böse Frau, so schrecklich vertrocknet und boshaft, von dem ewigen Sparen, zu Mittag ißt er eine trockene Semmel. Der Herr Rat versank beklommen in Gedanken. Armer Wankel, dem muß auch merkwürdig zumute sein, wenn er sieht, daß ich ohne Familie mehr habe als er, aber kann ich denn dafür? Mir wird immer angst und bange, wenn mich der Kerl so schwer und vorwurfsvoll ansieht...

Der Herr Rat strich sich über die Stirn, auf der Angstschweiß perlte. Ja, sagte er, da hat mich neulich ein Kellner um einige Kronen betrogen, ich ließ mir den Besitzer rufen und der hat den Kellner auf der Stelle hinausgeworfen. „Sie Dieb", hat er ihn angezischt, „ich werde schon dafür sorgen, daß Sie in Prag niemand mehr in Dienst nimmt!" Und der Mensch hat kein Wort gesagt und ist gegangen... er hatte so vorstehende Schulterblätter unterm Frack...

Der Herr Rat konnte nicht mehr im Bett bleiben, er setzte sich ans Radio und nahm die Hörer um, doch das Radio war stumm. Stumm war die Nacht, stumm die Stunden der Nacht, und der Herr Rat stützte den Kopf in die Hand und erinnerte sich aller Menschen, denen er je begegnet war, der merkwürdigen und kleinen Menschen, mit denen er sich nicht verstanden hatte und an die er sonst nie dachte.

Am Morgen machte er bei dem Kommissariat halt; er war etwas blaß und verlegen. „Na“, fragte ihn der Polizeiinspektor, „haben Sie sich an jemanden erinnert, der Sie vielleicht haßt?“

Der Herr Rat schüttelte den Kopf. „Ich weiß nicht“, sagte er unsicher. „Es gibt so viele, die mich hassen könnten, daß ...“ Er winkte ratlos mit der Hand. „Hören Sie, man weiß nicht, wie vielen Menschen man Unrecht getan hat. Wissen Sie, an das Fenster setze ich mich nie wieder. Ich bin Sie bitten gekommen, die Sache nicht weiter zu verfolgen.“

DAS VERBRECHEN AUF DER POST

„Hören Sie, Herr“, sagte Wachtmeister Brejcha, „ich möchte gern wissen, warum die Gerechtigkeit auf den Bildern so ein Frauenzimmer ist mit einer Binde um die Augen und einer Waage, als würde sie Pfeffer verkaufen. Ich möchte eher meinen, daß die Gerechtigkeit wie ein Gendarm aussieht. Sie würden nicht glauben, was für Dinge wir Gendarmen ohne Richter, ohne Waage und solchen Kram entscheiden. In kleinen Fällen gibt es eine übers Maul und in größeren schnallen wir den Riemen ab — das ist in 90 von 100 Fällen die ganze Gerechtigkeit. Ob Sie's glauben oder nicht, Herr, da habe ich neulich allein zwei Menschen des Mordes überführt und habe sie selbst zu einer gerechten Strafe verurteilt und die Strafe vollzogen, ohne jemandem auch nur ein Wort darüber zu melden. Warten Sie, ich will Ihnen das erzählen.

Sie erinnern sich doch an das Fräulein, das hier in der Gemeinde vor zwei Jahren bei der Post gewesen ist. Stimmt, stimmt, Helene hat sie geheißen. Ein braves und liebes Mädel, bildhübsch. Wie sollten Sie sich nicht an sie erinnern. Die Helene aber hat sich voriges Jahr im Sommer ertränkt, sie sprang in den Teich, ging noch etwa fünfzig Meter, ehe sie ins Tiefe kam. Erst zwei Tage später ist sie hochgekommen. Und wissen Sie, warum sie's getan hat? An dem Tag, an dem sie sich ertränkte, kam plötzlich eine Revision aus Prag auf die Post und fand, daß der Helene zweihundert Kronen aus der Kassa fehlten. Lumpige zweihundert Kronen. Der schafsblöde Revisor sagte, er müsse das weitermelden und man werde es als Veruntreuung untersuchen. Am gleichen Abend, Herr, hat sich Helene aus Schande ertränkt. Als man sie auf den Damm zog, mußte ich bei ihr stehen, bis die Kommission kam. An der Armen war schon nichts Hübsches mehr, aber ich sah immer nur, wie sie aus dem Postschalter lacht — nun ja, wir sind alle ihretwegen hingegangen, jeder hat das Mädel gern gehabt. Verdammt, sagte ich, das Mädel hat die zweihundert Kronen nicht gestohlen, vor allem, weil ich's nicht glauben kann, und dann hatte sie es doch gar nicht nötig, zu stehlen; ihr Vater war Müller auf der andern Seite drüben, und sie war nur aus weiblichem Ehrgeiz zur Post gegangen, um zu zeigen, daß sie sich selbst erhalten kann.

Ich habe den Vater gut gekannt, Herr, der war ein Bibelkundiger und außerdem evangelisch, und ich sage Ihnen, diese Evangelischen und Spiritisten, die stehlen bei uns nie. Wenn zweihundert Kronen der Post wirklich gefehlt haben, dann hat sie jemand anderer stehlen müssen. So habe ich denn, Herr, dem toten Mädel auf dem Damm versprochen, daß ich das nicht auf sich beruhen lasse.

Also gut, inzwischen schickten sie einen jungen Burschen aus Prag zur Post, Filipek hat er geheißen, ein geschickter und großzahniger Junge. Zu diesem Filipek bin ich also auf die Post gegangen, um etwas herauszubekommen. Sie wissen doch, es sieht dort aus wie überall auf den kleinen Postämtern: beim Schalterfenster ein Tisch, in der Tischlade Geld und Marken. Der Beamte hat hinter seinem Rücken ein Regal mit allen möglichen Tarifen und Papieren und die Waage zum Abwiegen von Paketen und ähnlichen Sachen. ‚Herr Filipek', sagte ich zu ihm, ‚sehen Sie doch, bitte, in Ihren Tarifen nach, was, sagen wir, ein Telegramm nach Buenos Aires kosten würde.'

‚Drei Kronen das Wort', sagte der Filipek, ohne nachzudenken.

‚So, und was würde ein Expreßtelegramm nach Hongkong kosten?' fragte ich ihn wieder.

‚Da muß ich nachsehen', sagte Filipek, stand auf und drehte sich zum Regal um. Und während er mit dem Rücken zum Tisch im Tarifbuch blätterte, zwängte ich mich mit der Schulter durch das Schalterfenster, langte mit der Hand nach der Schublade mit dem Geld und öffnete sie; sie ließ sich ganz leicht und leise aufschieben.

‚Danke sehr, ich hab's schon', sagte ich, ‚so konnte es geschehen sein. Nehmen wir an, Helene hat etwas im Regal gesucht, dann konnte jemand die zwei Hunderter aus der Lade klauen. Herr Filipek, könnten Sie mir nun nicht zeigen, wer in den letzten Tagen von hier telegrafiert oder etwas abgeschickt hat?'

Herr Filipek kratzte sich hinterm Ohr und sagte: ‚Herr Wachtmeister, das wird nicht gehen. Sie müssen wissen, daß es etwas wie ein Briefgeheimnis gibt — es sei, Sie würden es im Namen des Gesetzes suchen; doch dann müßte ich nach oben melden, daß eine Untersuchung da war.'

‚Warten Sie', sagte ich, ‚das würde ich einstweilen ungern tun. Aber was meinen Sie, Herr Filipek, wenn Sie einfach... aus Langweile oder so... in den Bögen nachsehen würden, wer in den vergangenen Tagen von hier etwas weggeschickt hat, wobei sich die Helene vielleicht mit dem Rücken zum Tisch hatte kehren müssen —'

‚Herr Wachtmeister', erwiderte Filipek, ‚wenn es darauf ankommt, die abtelegrafierten Blankette werden schon da sein, doch von den eingeschriebenen Briefen und Paketen haben wir nur vermerkt, an wen sie geschickt wurden, aber nicht, wer sie aufgegeben hat. Ich schreibe Ihnen also alle Namen zusammen, die ich hier finde, es soll zwar nicht sein, aber für Sie mache ich's schon. Ich glaube aber kaum, daß Sie daraus klug werden!‘

Er hatte recht, der Herr Filipek, er brachte mir an die dreißig Namen — auf einem Dorfpostamt wird nicht viel aufgegeben, Sie wissen doch, hie und da ein Paket für die Burschen beim Militär — aber aus denen konnte ich nicht das Geringste herauskitzeln. Herr, wo ich ging und stand, dachte ich daran; so drückte es mich, daß ich dem toten Mädel mein Versprechen nicht halten konnte.

Einmal, es war ungefähr nach einer Woche, komme ich wieder auf die Post. Der Filipek feixt mich an und sagt: ‚Herr Wachtmeister, aus dem Kegelspielen wird nichts mehr, ich packe. Morgen kommt ein neues Fräulein, von der Post aus Pardubitz.‘

‚Aha‘, meinte ich darauf, ‚irgendeine Disziplinargeschichte, nicht? Wenn man ein Fräulein aus der Stadt nach so einer elenden Landpost versetzt!‘

‚Ach nein‘, sagt der Filipek und sieht mich sonderbar an, ‚das Fräulein ist auf eigenes Ansuchen hierher versetzt worden, Herr Wachtmeister.‘

‚Zeigen Sie', sagt der Filipek. ‚Adressiert ist es an einen Nowak, Prag II., Spálená. Zwei Kilo Butter. Stempel vom 14. Juli.'

‚Da war noch das Fräulein Helene da', meint der Briefträger.

‚Zeigen Sie', sage ich zu Filipek und rieche zu dem Kistchen. ‚Herr Filipek', sage ich, ‚das ist merkwürdig, die Butter war zehn Tage unterwegs und stinkt nicht. Alter, lassen Sie das Kistchen hier und scheren Sie sich um die Zustellung.'

Kaum war der Postbote fort, sieht mich der Filipek an: ‚Herr Wachtmeister, es darf nicht sein, aber hier ist ein Stemmeisen.' Und ging hinaus, damit er nichts sieht. Herr, ich habe das Kistchen aufgebrochen; zwei Kilo Lehm waren drin. Ich gehe also dem Filipek nach und sage ihm: ‚Mensch, von dieser Sache zu niemandem auch nur ein Wort, verstanden? Das erledige ich selbst.'

Ich packte mich zusammen und ging zu dem Adjunkten Houdek aufs Gut. Er saß auf einem Balken und starrte zu Boden. ‚Herr Adjunkt', spreche ich ihn an, ‚auf der Post gibt es eine kleine Konfusion, erinnern Sie sich nicht, an welche Adresse Sie vor zehn oder zwölf Tagen ein Kistchen geschickt haben?'

Der Houdek erbleicht ein wenig und sagt:

‚Darauf kommt's nicht an, ich weiß selbst nicht mehr, für wen es war.‘

‚Herr Adjunkt‘, frage ich ihn, ‚was für eine Butter war denn das?‘

Houdek springt auf, weiß wie eine Wand. ‚Was soll das heißen?‘ schreit er, ‚warum belästigen Sie mich damit?‘

‚Herr Adjunkt‘, sage ich zu ihm, ‚die Sache ist die: Sie haben die Helene von der Post umgebracht. Sie haben das Kistchen mit der fingierten Adresse hingetragen, damit sie es auf der Waage abwiegen muß. Während sie gewogen hat, haben Sie sich über das Schalterbrett gebeugt und aus der Schublade die zweihundert Kronen gestohlen. Wegen der zweihundert Kronen hat sich die Helene ertränkt. So ist es also.‘

Herr, der Houdek zitterte wie Espenlaub. ‚Das ist eine Lüge‘, schrie er, ‚warum hätte ich die zwei Hunderter gestohlen?‘

‚Weil Sie das Fräulein Taufer, Ihre Braut, auf die hiesige Post bekommen wollten. Ihr Fräulein machte in einem anonymen Brief die Anzeige, daß der Helene Geld in der Kassa fehlt. Ihr zwei habt die Helene in den Teich getrieben. Ihr zwei habt sie umgebracht. Sie haben ein Verbrechen auf dem Gewissen, Herr Houdek.‘

Der Houdek brach auf dem Balken zusammen und verdeckte sich das Gesicht, mein

Lebtag habe ich einen Mann nicht so weinen sehen. ‚Jesus Maria', jammerte er, ‚ich konnte doch nicht wissen, daß sie ins Wasser geht! Ich habe nur gedacht, sie wird entlassen... sie konnte doch nach Hause gehen! Herr Wachtmeister, ich wollte nur die Julie heiraten, aber einer von uns hätte seine Stelle aufgeben müssen, wenn wir zusammengezogen wären... und dann hätte das Gehalt nicht gereicht... Darum bemühte ich mich so, daß die Julie her zur Post kommt! Fünf Jahre warten wir schon darauf... Herr Wachtmeister, es ist eine ganz schreckliche Liebe!' Ich werde Ihnen das nicht weitererzählen Herr; es war bereits Nacht, der Kerl kniete vor mir und ich, Herr, ich habe geheult wie eine alte Hure, über Helene und über alles andere.

‚Also Schluß', sagte ich beim Ende, ‚ich habe genug davon. Mensch, geben Sie die zweihundert Kronen her. So. Und nun folgendes: Wenn es Ihnen einfallen sollte, zu dem Fräulein Taufer zu gehen, ehe ich die Sache in Ordnung gebracht habe, erstatte ich gegen Sie die Anzeige wegen Diebstahls, verstanden? Und wenn Sie sich erschießen sollten oder sonst was Ähnliches, werde ich erzählen, warum Sie es getan haben. Und Schluß.'

Die ganze Nacht, Herr, bin ich unter den Sternen gesessen und habe die zwei gerichtet; ich habe Gott gefragt, wie ich sie bestrafen soll und habe die Bitterkeit und die Freude, die in der Gerechtigkeit liegt, begriffen. Wenn ich sie anzeige, bekommt der Houdek ein paar Wochen Gefängnis bedingt, und noch dazu läßt es sich schwer beweisen. Houdek hat das Mädel umgebracht, aber er ist kein gemeiner Dieb. Jede Strafe war mir zu groß und zu klein. Deshalb habe ich die beiden selbst abgeurteilt und bestraft.

Am Morgen nach jener Nacht gehe ich zur Post. Dort sitzt hinter dem Schalter ein blasses und langes Fräulein mit so flammenden Augen. ‚Fräulein Taufer', sage ich, ‚ich habe hier einen eingeschriebenen Brief.' Ich reichte ihr einen Brief mit der Anschrift ‚Post- und Telegrafendirektion in Prag'. Sie sah mich an und klebte die Postvignette auf den Brief.

‚Einen Augenblick, Fräulein', sagte ich zu ihr, ‚in dem Brief ist die Anzeige, wer Ihrer Vorgängerin die zweihundert Kronen gestohlen hat. Wieviel wird das Porto kosten?

Herr, in dem Frauenzimmer war eine furchtbare Kraft, dennoch wurde sie aschfahl und erstarrte zu Stein. ‚Drei Kronen fünfzig', brachte sie mühsam heraus.

Ich zählte die drei Kronen fünfzig ab und sage: ‚So, Fräulein. Sollten sich aber die zwei Hunderter', sage ich und lege ihr die zwei gestohlenen Hunderter auf den Tisch, ‚sollten sich die zwei Hunderter hier irgendwo, verlegt oder hinuntergerutscht, wiederfinden, Sie verstehen? — damit man sieht, daß die tote Helene nicht gestohlen hat, Fräulein — dann würde ich den Brief wieder zurücknehmen. Nun?'

Sie sagt kein Wort, blickt nur so brennend und starr, ich weiß nicht, wohin.

‚In fünf Minuten ist der Briefträger hier, Fräulein. Nun, soll ich den Brief wieder mitnehmen?' frage ich.

Sie nickte rasch. Da nahm ich meinen Brief wieder mit und ging vors Postamt. Herr, so gespannt bin ich noch nie auf und ab gegangen. In zwanzig Minuten kommt der alte Uher herausgelaufen und schreit: ‚Herr Wachtmeister, Herr Wachtmeister! Die zweihundert Kronen, die dem Fräulein Helene gefehlt haben, haben sich gefunden! Das neue Fräulein hat sie entdeckt, sie waren im Tarif verlegt! So ein Zufall!'

‚Alter', redete ich ihm zu, ‚laufen Sie nur und erzählen Sie überall, daß sich die zwei Hunderter gefunden haben. Damit nämlich jeder weiß, daß die tote Helene nicht gestohlen hat. Gott sei Dank!'

Das also war das erste. Das zweite war, daß ich zum alten Gutsbesitzer ging. Sie werden ihn kaum kennen; er ist ein Graf, so ein wenig verrückt, aber ein sehr braver Mensch. ‚Herr Graf', sage ich zu ihm, ‚fragen Sie mich nach nichts, aber es handelt sich da um eine Sache, wo wir Menschen alle an einem Strang ziehen sollten. Lassen Sie sich den Adjunkten Houdek rufen und sagen Sie ihm, daß er noch heute auf Ihr Gut nach Mähren übersiedeln soll; wenn er nicht will, so entlassen Sie ihn auf der Stelle.'

Der alte Graf hob die Augenbrauen und sah mich eine Weile an; Herr, ich brauchte mich gar nicht zu zwingen, um so ernst auszusehen, wie man es sich nur vorstellen kann. ‚Nun gut', meinte der Graf, ‚ich werde Sie also nach nichts fragen.' Und ließ sich den Houdek rufen.

Houdek kam, und als er mich beim Grafen sah, erbleichte er, stand aber da wie eine Kerze. ‚Houdek', sagte der Graf, ‚lassen Sie anspannen und fahren Sie zum Zug, heute abend treten Sie den Dienst auf meinem Gut bei Hullein an. Ich telegrafiere, daß man Sie dort erwartet. Verstanden?'

‚Ja', entgegnete Houdek leise und sah mich starr an, mit Augen, wie die Verdammten in der Hölle.

‚Haben Sie irgendwelche Einwände?' fragte der Graf.

‚Nein', antwortete Houdek heiser und ließ die Augen nicht von mir. Herr, mir war bange vor diesen Augen.

‚Dann können Sie gehen', beendete der Graf

die Unterredung, und die Sache war erledigt. In einer Weile sah ich, wie Houdek in der Kutsche fortfuhr, er saß drin wie eine Holzpuppe.

So, das ist alles. Wenn Sie auf die Post kommen, beachten Sie dort das blasse Fräulein. Sie ist böse, böse auf alle und bekommt so böse und alte Runzeln. Ich weiß nicht, ob sie sich ab und zu mit ihrem Adjunkten trifft; vielleicht fährt sie manchmal zu ihm, aber dann kommt sie nur noch böser und brennender zurück. Ich sehe sie an und sage mir: Gerechtigkeit muß sein!

Ich bin nur Gendarm, Herr, aber eines kann ich Ihnen aus meinen Erfahrungen verraten: Ob es einen allwissenden und allmächtigen Gott gibt, das weiß ich nicht; doch ich sage Ihnen, es muß einen überaus Gerechten geben. Das ja, Herr. Wir können nur strafen, aber es muß einer sein, der vergibt. Ich sage Ihnen, die wahre und höchste Gerechtigkeit ist etwas so Merkwürdiges wie die Liebe."